日本语言·文化·传播丛书
第3辑

项目驱动式汉日翻译探研

路邈 著

中国传媒大学出版社
·北京·

前　言

项目驱动式的教学方法对我们来说并不陌生，它是近年实施探究式教学模式以来逐渐受到重视并被广泛采用的一种教学方法。从学习者的角度来看，参与项目可以参考真实世界的问题和情境，掌握包括分析问题、解决问题、团队合作和沟通在内的综合性实用技能，从而提升学习的积极性和参与度。从教师的角度来看，项目驱动式的教学方式通常比传统课堂更为有趣，能够更好地开展个性化教学。最重要的是，项目驱动式的教学方式鼓励学习者思考具有创新性的问题解决方案，可以有效提升学习者的创造力，培养其批判性思维。

翻译课程是一门集语言、文化、技能与实践于一体的综合性课程，它要求学习者既掌握语言技能，又具备对不同文化背景的理解和感悟。近年来，随着翻译技术的发展，学习者还迫切需要学习如何应用现代技术提高翻译效率和质量。学习者的能力又都需要在实践中加以应用、反馈、改进以及提升。目前，在中国的翻译教学尤其是研究生外语教学中，一些院校已经有意识地将“口译工作坊”“笔译工作坊”等课程与翻译项目有机结合起来，力图建立项目驱动式的翻译能力立体化培养模式。

北京第二外国语学院(以下简称“北二外”)日语学院自20世纪80年代即开设了研究生“翻译理论与实践”(三年制学术型)专业,2002年开始了对口笔译分流的专业翻译人才培养模式的探索。2005年,北京第二外国语学院开始招收翻译方向本科(小语种提前招生)学生;2009年,成为全国第一批日语MTI翻译方向(两年制专业型)硕士研究生招生院校;2016年开始与美国宾汉姆顿大学联合培养翻译学博士;2021年,其日语方向首批中日英三语复合的翻译学博士顺利毕业。至此,北二外日语学院在国内率先实现了从本科到博士的翻译人才培养体系化衔接,体现了北二外在翻译人才培养上的办学优势及培养高层次“复语复合”人才的重要基础。未来,北二外日语学院也将进一步切实践行新时代翻译人才“科教融合”“内涵式发展”的总体战略要求。

同时,北二外日语学院注重推行与课堂教学相呼应的第二课堂实践教学机制,陆续建立了一批高水平的国内外翻译实习实践基地,包括政府机构、主流外事机构、翻译对口机构、业界翻译服务企业和出版社、主流媒体等,带领学生进行了多层次多内容的丰富多彩的翻译实践活动。这些代表性翻译实践基地和平台有:中国人民对外友好协会、中国外文局北京市校外人才培养基地、中央电视台大富频道中日翻译海外人才培养基地、人民网、《人民中国》杂志社、《中国妇女》杂志社、机械工业出版社、日本侨报社、北京大来创杰咨询有限公司、专利翻译公司等。

在此过程中,我们深感项目驱动式的教学方法在翻译教学中的必要性与重要性,因此在教学中有针对性地导入了“项目进课堂”理念,并在课堂教学中引入“项目承接、事务沟通、译前准备、评价反馈”等多项环节,帮助学生全过程体验多种形态的翻译活动。此外,有别于普通的翻译项目,学院在项目驱动式翻译课程教学中，尤其注重促进学生展开对翻译活动的自主思考，将翻译项目实践与论文（翻译案例分析报告）撰写相结合，凸显理论与实践相互联系、相互渗透的翻译专业建设特色。

在新时代语境下，随着中国与世界的联系在深度和广度上的拓展，翻译实践领域也出现了许多新的变化。首先，中国翻译行业的重心从2011年开始转向中译外，带动翻译服务业走向国际化。现在，中译外的工作量已经显著超过外译中。其次，随着ChatGPT、DeepSeek等人工智能技术的迅猛发展，越来越多的翻译活动以“MT＋Pre-editing/Post-editing”（机器翻译＋人工译前/译后编辑）的形式展开，译员除了翻译任务外，往往还需要承担术语管理、校订编审、排版设计、文档测试、项目管理等多项语言服务工作。再如，在游戏翻译等本地化项目中，优秀的译员还需要一定的改写、改译甚至是“创译”的能力，这些给译员能力范围与角色多元性带来了新的挑战。这些变化，也明显体现在了近年来北二外日语学院承担的各类翻译项目之中。

基于上述思考，本书将翻译项目驱动式的教学方法进一步完善及体系化，以“问题求解”和“策略选择”为中心设计学习方案及多元评价机制，在扩展学生知识面和完善学生认知结构的基础上，注重培养学生的翻译能力、计算机辅助应用能力、人际与跨文化交流能力、团队合作能力，呼吁各院校与实习实践基地及业界平台紧密合作，强化学生在翻译项目管理、翻译技术应用、翻译质量控制、“搜商”“问商”体系构建等多方面的职业意识，将教学培养与能力素养提升、教学指导与实践指导、校内指导与校外指导、实践实习和就业指导与学位论文撰写、外事外宣翻译实践与高层次翻译人才培养紧密结合，培养具有扎实专业基础、高度社会责任感和职业道德素养的新时代翻译人才。

本书在编写过程中，承蒙中日友好医院孟华川先生、北京金信知识产权代理有限公司黄明武先生、网易互娱赖荣鸿先生的无私帮助，中国传媒大学出版社的编辑老师们也为本书的编辑出版付出了大量的心血，在此一并表示感谢！

目 录

第一章 “项目驱动式翻译教学”的定义及主要特征

第一节 项目驱动式翻译教学的定义

项目驱动式翻译教学又名“项目驱动的协作式”翻译教学模式，指的是学习者在教师的引导和帮助下，通过协作完成“真实”的翻译项目，从而实现知识的建构和内化，最终获得真正的译员素养和可持续发展的综合能力。

这里的“真实”，首先指的是文本具有真实性。它们通常由客户提供，涵盖不同的风格和领域，反映了在翻译行业中可能遇到的各种挑战。其次指真实的客户需求，例如格式要求、质量要求、交付时间等。当然，客户也有可能提供一定的行业支持。最后指目的语译文具有真正的读者或听众，能够获得真实的反馈以及评估。

“协作”包括两个层面。第一个层面侧重于项目本身，指的是当翻译项目时间紧、任务重时，需要团队合理分工、协作完成翻译项目。第二个层面则与教学相关，指在项目同期或之后的翻译教学中，也需要译员分组进行讨论并解决相关问题。

项目驱动式翻译教学的理论基础首先在于建构主义(constructivism)的学习理论。该理论的代表人物有瑞士心理学家让·皮亚杰(Jean Piaget)以及苏联心理学家列夫·维果斯基(Lev Vygotsky)，其核心内容就是以学习者为中心，强调学习者在知识构建过程中的积极参与，注重学习者已有经验和知识对新知识的建构作用，提倡通过探究、合作和反思等方式促进深度学习。

项目驱动式翻译教学还吸收了"学习科学(Learning Sciences)中有关项目学习的核心观点，如'积极建构''情境学习''社会互动''认知工具'等"[①]。

项目驱动式翻译教学中的"积极建构"，指的是学习者主动、创造性地参与翻译过程。这种积极建构既包括深入理解原文，分析语言和文化差异，也包括创造性地解决问题，以及为此进行的不断反思与调整。"情境学习"与"社会互动"指的是真实社会情境中的翻译项目涉及不同社会角色之间的互动，如作者、译员、编辑、客户和读者/听者等。学习者需要理解这些角色之间的关系，确保翻译结果满足各方的需求。"认知工具"指的是能够帮助学习者在翻译过程中更好地理解、组织和应用知识的各种方法和技术，包括翻译技术工具(如CAT工具、翻译记忆库等)、知识管理工具(如术语管理系统、行业规范等)、语言分析工具(如语法检查器、拼写检查器等)，也包括结构化思考及批判性的思维策略。

建构主义基础上的项目驱动式翻译教学，也是研究生翻译教学尤其是MTI(翻译专业硕士)教学中对"实践环节"及"论文撰写"相关要求的有效呼应。

---

① 李瑞林，贺莺.学习科学视角下的项目翻译学习模式研究[J].外语教学，2011，32(1)：96.

翻译硕士专业于2007年正式设立，2008年首次招生，已经走过了近20年的历程。目前，全国共有316所高校开设了MTI专业，约占全国本科高校总数的25%。从语种来看，大部分高校以英语MTI为主，开设日语MTI的高校有90余所，其中不少为近年新增，或者只招收口译或笔译方向的学生。日语MTI作为新增专业，对师资配备、专业建设、课程设置、实践教学等方面都提出了较高要求，是否具有相应的实力和特色，成为能否真正培养符合要求的翻译专业人才的关键因素。

全国翻译专业学位研究生教育指导委员会（以下简称"MTI教指委"）在2009年公布的《翻译硕士专业学位研究生教育指导性培养方案》中指出，MTI人才培养"重视实践环节。强调翻译实践能力的培养和翻译案例的分析，翻译实践贯穿教学全过程，要求学生至少有10万字以上的笔译实践或不少于100小时的口译实践"[①]。2011年，MTI教指委在《翻译硕士专业学位研究生教育指导性培养方案（修订版）》（以下简称《培养方案》）中提高了对翻译实践字数及时长的要求，将原要求调整为"学生在学期间至少有15万字以上的笔译实践或不少于400磁带时的口译实践"，同时明确指出，"笔译课程可采用项目式授课，将职业翻译工作内容引入课堂，运用笔译实验室或计算机辅助翻译实验室，加强翻译技能训练的真实感和实用性"[②]。之后的《0551翻译硕士学位基本要求》更是提出，MTI专业学生"应具备较强的团队协作能力，包括商务沟通、人力资源管理、质量管理、时间管理、成本管理

① 关于《翻译硕士专业学位设置方案》的说明[EB/OL].(2007-06-01)[2023-08-08].https://yz.chsi.com.cn/kyzx/zcdh/200706/20070601/917255.html.

② 翻译硕士专业学位研究生教育指导性培养方案[EB/OL].(2021-04)[2023-08-08].https://grs.pku.edu.cn/docs/2021-04/20210407102411960492.pdf.

等方面的项目管理能力”[①]。

在学位论文撰写方面，MTI 教指委在最新出台（2023 年 12 月）的《翻译专业学位类别 硕士学位论文基本要求（试行）》中指出，推荐采用案例分析报告或调研报告两种形式撰写学位论文，其中关于“案例分析报告”，指出“案例应来源于翻译实习实践。合格的学位论文应以学生实际参与的翻译实习实践为素材，以具体、鲜活的翻译案例为特色，恰当地提出翻译实习实践中的典型问题，分析并解决问题”[②]。

这些要求，无疑也体现了翻译人才培养中项目驱动式翻译教学模式的势在必行，这不仅是 MTI 学生提升翻译专业能力、提高职业素养、接轨社会并满足实际社会需求的必然途径，也是 MTI 教师改善课堂设计、提高教学水平、连接学校与社会的关键之处。

---

① 0551 翻译硕士专业学位基本要求[EB/OL].(2018-03-15)[2023-08-08].https://wenku.so.com/d/52c24734e126fa315f0251 e330126767.

② 翻译专业学位类别 硕士学位论文基本要求（试行）[EB/OL].(2023-12)[2024-12-12].https://gra.hutb.edu.cn/u/cms/yjsy/202412/03085126721k.pdf.

第二节 项目驱动式翻译教学的主要特征

项目驱动式翻译教学作为区别于传统教学的客观主义翻译教学范式，具备以下六个主要特征。[①]

(1)翻译是一项复杂的社会活动，因此翻译教学需要“依托真实的、多样化、稳定的项目来源”，通过与真实社会情境中翻译的各种因素相结合，“实现教学环境与社会环境的有机交互”。

在传统或者本科高年级的翻译教学中，往往以“教师讲解＋学生练习”为主要的教学模式，内容主要集中在语言转换和翻译技巧探讨的层面，素材多选择学习者较易出错或混淆的典型内容，“准确、流畅、自然”是翻译活动的核心要求。学生在翻译课堂上能获得很多知识，但主要是被动地听讲、做笔记、进行翻译、接受点评，很少有机会进行独立思考，更难获得职业自豪感和工作乐趣。

与此相对，进入研究生阶段后，学生会逐渐接触到真实的翻译项目。虽然不少学生已经具有一定的翻译能力，或者持有 CATTI(全国翻译资格考试)相关证书，但他们往往会发现真实的翻译项目是多样而复杂的。比如，游戏翻译不以“完整”“准确”为绝对的翻译标准，其允许存在一定程度的改译甚至创译。再如，在医疗口译项目中，译员不仅是中立的传声筒，还要体谅患者和家人的心情，要充分了解不同国家在价值观、风俗习惯、伦理观、文化背景等方面的异同。这些项目驱动下的翻译教学可以帮助学习者以职业

---

① 以下综合自：李瑞林，贺莺．学习科学视角下的项目翻译学习模式研究[J]．外语教学，2011，32(1)：96．

译员的准则要求自己，遵循专业翻译行业的标准及规范，提供能满足客户需求的翻译产品；也可以帮助学习者合理进行自我定位，提高翻译素养，更好地履行译员的社会职责。

(2)项目驱动式翻译教学需要“设计围绕问题求解和策略选择的学习方案，促进探究式学习”。

在传统的翻译教学中，教师主要根据学生在翻译中出现的问题，引导学生进行思考和讨论，指导范围较为有限；而在真实翻译项目中，问题的覆盖面更为广泛，解决方法也更为多元。

例如，在大型翻译项目中，如何在保证人名、地名、术语等专有名词的准确并兼顾整体翻译风格一致性的情况下，高效无误地进行查找和翻译，是一个重要的问题。再如，专利翻译涉及众多的专业领域，如机械、通信、医药等，往往还需要译员具有一定的相关背景知识。这些问题，是传统翻译教学中很少出现的问题，而在真实翻译项目中，学生可以在问题意识的指引下，形成“问题—方案型”认知模式；可以通过术语库及预翻译技术等，统一专业术语，提高翻译质量；还可以通过文献检索，“搜商”“问商”能力提升等方式，重构并管理不同专业知识，掌握求解问题时必要的隐性知识。

(3)项目驱动式翻译教学可以综合“运用信息与传播技术手段，创建借鉴、应用、创造和交流信息的环境”。

翻译技术的日新月异，正在改变翻译作为人类独有交流活动的性质。在信息化时代的真实翻译项目中，技术贯穿于翻译项目的所有流程。例如，北二外日语学院在其承担的影视字幕翻译、专利翻译及本地化翻译项目中，很大程度上采用了“MT＋Pre-editing/Post-editing”(机器翻译＋人工译前/译后编辑)的翻译形式，可以说彰显了行业的发展需要与未来趋势。这就要求学生掌握一定的计算机辅助翻译(CAT)工具，术语管理、机器翻译、质量保证工具，语音文字识别、信息检索、文本转换、音视频编辑软件，云翻译平台甚至编程基础知识等语言服务行业相关的现代信息技术知识。

从这一点上说，校企合作模式下的项目驱动式翻译教学，可以有效解决高校（尤其是外语类院校）在翻译课程设置中普遍存在的信息技术师资不足的问题。项目驱动式翻译教学可以邀请翻译技术方面的行业专家到高校讲授实战课程，更重要的是，可以促使高校教师主动探索专业发展新路径，提升数字素养，重构知识结构和能力体系，实现翻译师资的持续储备。

(4)项目驱动式翻译教学有助于“组建多元互补的学习者共同体，形成协作学习、探索知识、分享知识的氛围”。

在项目驱动式翻译教学中，学习者多以团队协作的方式开展翻译工作，实现优势互补，提高翻译效率。在此过程中，与同学的协作、讨论，可以帮助学习者完善自身知识，加强个体的团队意识和沟通能力。此外，在翻译项目结束后的“思考与总结”阶段，学习者既可以借鉴前人在解决类似问题时积累的经验，又可以督促自己从旧问题中发现新问题，从前人经验中获得有益的启示，站在新的起点从事翻译工作。这些内容也与翻译方向学生撰写翻译案例分析报告等形式的学位论文密切相关。

(5)项目驱动式翻译教学可以通过“配置优势互补的专家资源，给学习者提供智力支持，完善学习成果”。

项目驱动式翻译教学一般以校企合作的形式展开，专家资源包括校内导师、行业导师、校外专家。

负责项目课程的校内导师一般都具有较为丰富的翻译经验，承担过大型或完整的翻译项目，他们了解翻译活动的各项流程，同时具有行动研究意识，将翻译项目视为一个实践与教学相辅相成的机会，能科学制定项目学习计划。此外，校内导师作为授课老师，也了解不同阶段学习者的性格特点和学业优势，并能以此为依据合理安排翻译任务，营造开放自主的学习环境，鼓励学习者自主学习、协作学习，促进个体和集体的共同发展。

行业导师多为来自校企合作企业的资深专业译员或前辈学长，可以从该行业专业规范的角度对译品的可接受度进行整体反馈，并提供相应的指导帮助。

校外导师主要负责指导学习者基于其参与的实际翻译项目撰写翻译案例分析报告或翻译研究论文。对于学习者探究的主要问题及解决方案，校外导师会从学术性和专业性的角度帮助他们进行反思和类化。

上述优势互补的专家资源形成强有力的“支架”，共同帮助学习者构建学习框架。

(6)项目驱动式翻译教学通过“创建多元评价机制，促进批判性思维和反思性学习”。

在传统翻译课堂中，由于教学时间有限，教师往往无法对多个学习者产出的不同译文进行综合评价，这容易使得学习者将参考译文视为唯一正确的译文，亦无法对自己的译文做出多元评价，从而导致学习者翻译的创造性和主动性降低。

项目驱动式翻译教学的评价机制更为多元化。评价主体既包括教师、外部导师/专家，也包括客户、读者/听众、团队成员，还涵盖个人的自我评价。评价重点不仅是翻译质量，也包括学习者在翻译实践中表现的综合能力，涉及项目管理、团队合作、技术应用等。此外，项目翻译教学尤其关注学习者在遇到问题时是否能够迅速识别问题，积极分析原因、制定策略，并有效执行解决方案。这种能力是高阶思维方式的重要体现，也是建构主义理论指导下项目驱动式翻译教学的意义所在。

第二章　翻译项目一：出版项目驱动的图书及杂志翻译

——以《中国妇女》杂志社笔译项目为例

将真实的图书及杂志翻译项目引入翻译教学，有利于全面培养学生的翻译能力和职业素养。我国图书、期刊等的出版均在严格的“三审三校”[①]制度下进行，这个制度是在新中国出版业发展的基础上制定的一套行之有效的质量管理体系，在确保图书内容导向正确、提升编校质量、促进出版业的健康发展等方面发挥了重要作用。因此，参与出版社的图书及杂志翻译项目能够有效促进学生“全面深入的理解能力”“具体的翻译技巧”“语言文字的基本功”“成品意识”“读者意识”“翻译职业道德”“政治觉悟”“严谨精神”“信息技术能力”“翻译项目管理能力”等多方面能力和意识的提升。

① “三审三校”制度是图书、报纸、期刊出版单位内容编辑环节的基本制度。“三审”指出版单位在内容编辑环节应履行初审、复审和终审三道程序；“三校”指专业校对不应低于三个校次，重点图书、工具书、重大选题出版物等应相应增加校次。

第一节 《中国妇女》杂志日文版翻译项目介绍

北京第二外国语学院日语学院自2016年5月起开始承担《中国妇女》杂志日文版翻译的重要工作。

《中国妇女》杂志于1939年6月在革命圣地延安诞生，是中国共产党创办的第一本全国性女性刊物。毛泽东同志非常关心和支持《中国妇女》杂志的创刊，亲自挥毫题写刊名，并为创刊号赋诗祝贺："妇女解放，突起异军，两万万众，奋发为雄。男女并驾，如日方东……"这激越的文字曾鼓舞着千千万万《中国妇女》杂志的读者投身抗日救国的伟大事业。因为战争及政治动荡，《中国妇女》杂志于1941年3月停刊。1949年7月，在中华人民共和国成立前夕，《中国妇女》杂志作为全国妇联机关刊物复刊。为了鲜明地与1949年前区别开，《中国妇女》杂志改为《新中国妇女》杂志。

这本以解决妇女问题为宗旨的综合性月刊，从复刊之日起就一直在党中央的亲切关怀下，致力于探讨女性问题，宣传妇女解放及男女平等思想，旨在提高女性地位，支持和鼓励社会中的女性。1956年1月起，《新中国妇女》杂志又改为《中国妇女》杂志。《中国妇女》杂志后又于1967年元月被迫停刊。1978年7月15日，《中国妇女》杂志第二次复刊。

《中国妇女》杂志始终致力于关注女性问题，以传播女性文化以及倡导女性权益为己任。改革开放以来，《中国妇女》杂志顺应时代发展，更加重视女性的多样化需求和观点，内容也不断丰富，涉及女性权益、教育、职业发展、家庭生活、时尚等多个方面。进入互联网时代后，《中国妇女》杂志积极拥抱数字化，进行现代化转型，通过在线出版、社交媒体等方式持续扩大受众范围。杂志积极倡导女性赋权，关注女性在新科技、创业等领域的发展。

习近平总书记在全国宣传工作会议上指出，“要精心做好对外宣传工作，创新对外宣传方式，着力打造融通中外的新概念新范畴新表述，讲好中国故事，传播好中国声音”①。传播好中国声音，需要加强国际传播能力建设，媒体在这一领域发挥着关键作用，壮大媒体力量是提高国际传播能力的基础环节。《中国妇女》杂志的英文月刊早在20世纪50年代初期即已创刊，2016年开始，《中国妇女》杂志的日文版翻译工作由北京第二外国语学院日语学院承担。

① 习近平的新闻舆论观[EB/OL].(2016-02-25)[2022-07-01]. http://jhsjk.people.cn/article/28147896.

第二节　PDCA 循环在翻译项目教学中的应用

PDCA 循环又名“戴明环”，是以世界著名质量管理专家戴明（W. Edwards Deming）博士之名命名的质量持续改进模型，也是企业管理各项工作遵循的一般规律。PDCA 循环的含义是将质量管理分为计划（plan）、执行（do）、检查（check）、处理（act）四个阶段，是一个保障活动有效进行的合乎逻辑的工作程序。《中国妇女》杂志日译项目作为一项完整的翻译活动，很好地体现了 PDCA 循环在翻译质量控制中的总体指导作用。

一、计划阶段（Plan）

在传统翻译教学中，“计划”即我们常说的“译前准备”，主要指学生在进行翻译活动之前需要做好背景、语言、生理、心理、时间等各方面的计划准备，例如熟悉目标领域知识、查阅平行文本、确定翻译目标及要求、准备翻译工具等。在项目翻译教学中，除了学习者需要做好上述计划外，翻译项目的负责教师也需要承担类似翻译项目经理的职责，在译前做好规划与准备，保证团队准时高效地完成翻译，推动项目顺利进行。

《中国妇女》杂志日文版翻译项目属于“出版级”翻译项目，这一级别的项目要求译文整体没有翻译腔，保证地道性，同时由于其是杂志翻译项目，要保证翻译风格与之前已出版杂志的风格一致，并注意专有名词、术语等的统一。此外，该杂志以季刊形式发行，交付时间相对宽裕，交付格式为纯译文形式，无排版要求。

在承接这一重要的翻译任务后，日语学院首先确定了采用翻译“项目进课堂”形式来推进项目，即由 MTI 学生进行初译，中国教师进行第一次审校，日籍教师进行第二次审校，中国教师进行第三次审校(终校)，并指定了其中一位中国教师担任项目负责人。教师团队成员均具有较丰富的图书翻译及审校经验，近年出版的部分译著参见图 2-1。

图 2-1　日语学院翻译系教师近年出版的部分译著

此外，翻译方向学生入校伊始便学习翻译相关课程，对翻译的本质、职业译员的责任等有一定的了解。不少学生入校前就已经持有 CATTI 相关证书，掌握了翻译所需的基本技能和知识。在本次《中国妇女》杂志翻译项目确定后，日语学院采用了“自愿报名＋试译选拔”制度，确保参加翻译任务的学生品学兼优、翻译能力突出、综合素质突出，具有高度的责任心，符合翻译项目的要求，并能在翻译工作中得到锻炼和提高。

翻译任务人选确定后，学院首先进行了认真的译前准备。由于尚未拿到该阶段需要翻译的稿件，因此教师主要指导学生使用之前已出版的日文版《中国妇女》杂志，对应中文原稿，仔细对照阅读文本，了解翻译风格，整理高频词与术语库，并就格式、数字标记方法、日语敬简体使用方式等制作了《翻译风格指南》，提交负责教师审核。教师结合此前的出版项目翻译经验，重点在《翻译风格指南》中增加了标点符号使用等翻译中需要注意的细节之处。

二、执行阶段(Do)

拿到本次需要翻译的文稿后，在教师指导下，MTI 学生两人一组进行初译。通常情况下，对于常规文本，普通译员的翻译量为约 3000 字/天。但是，由于杂志各栏目的文本风格不同，内容有长有短，且学生还有其他课程学习任务，因此要求每位学生承担该杂志中 1 万—1.2 万字的翻译任务，在一周之内完成。

在初译稿提交之前，组内的两名同学需要进行互校，主要检查是否存在漏译、拼写错误及错别字；格式、符号是否规范；是否存在数字或语法上的低级错误；术语是否统一；文体风格是否一致等。学生们对这次机会都非常珍惜，认真准时地完成了初译任务(见图 2-2)。

中文原文	日语译文
郑佩佩，这位曾经的中国港片第一打女，再次回到观众面前饰演的大部分都是中老年角色，她说，她很容易就接受了这个改变，并且觉得自己很幸运，这么老了还有工作可以做。因为出演李安《卧虎藏龙》中“碧眼狐狸”一角，她获得了香港电影金像奖最佳女配角奖并角逐奥斯卡金像奖。2014 年她主演的英国电影《轻轻摇晃》，获得圣丹斯电影节“世界电影评委会剧情片摄影奖”。	チェン・ペイペイ、中国香港映画界初の女性武打星、再び芸能界へ復帰してほとんどはお年寄りの配役を演じることになった。 チェン・ペイペイは、自分が平気にこんな変わりを受け入れた。お年寄りなのに仕事ができるのは幸運に恵まれたと言った。 アン・リー監督の『グリーン・デスティニー』(臥虎蔵龍)を出演し、香港電影金像奨最優秀助演女優賞を受賞した。それからアカデミー賞を競り合いした。２０１４年に出演したイギリスの映画『追憶と、踊りながら 』はサンダンス映画祭 「世界映画選考委員会劇映画撮影賞」を受賞した。
无畏和无悔　蓝剑女警 反恐精英	**恐れることも悔しいこともない　藍剣婦警 反テロのエリート**
身着深色制服，**全副武装**往返奔波在处置现场、训练场上，没有华丽的时装、没有与亲人团聚的时刻、没有和爱人甜蜜的厮守……作为国家级反恐突击队中的精英，她们用自	ダークな制服を着て、**全武装**で現場、訓練場に駆けまわって、派手な服も、肉親との団欒の時も、恋人と一緒にいる時間もない……国家レベルの反テロ突貫隊のエリートと

图 2-2　MTI 学生初译稿

三、审校阶段(Check)

(一)中国教师一校

针对学生初译，中国教师以日语学院翻译系教师团队为核心，采用审校中的“修订”模式，进行了第一次审校，为期 7 天，每位教师共计承担了 3.5 万—4 万字的审校内容(见图 2-3)。这一阶段，教师可以充分了解学生翻译中存在的共性问题。例如，学生译员更愿意直译，倾向于将信息全部译出，反而导致“翻译腔”问题频繁出现；数字书写及标点使用不够规范；日语词组搭配不当；译文与原文不符，存在理解错误；当涉及中国传统文化等知识点时，学生的翻译较难达到“雅”的程度。中国教师也会在该周的课程教学中有针对性地提出这些问题，组织讨论。

特别策划	特別企画特集
为女性权益而努力	**女性の権益のためにに向けて努力を**
——聚焦 2016 年中国“两会”上的女性声音	**————2016２０１６年度中国「両会」（全国人民代表大会と中国人民政治協商会議）におけるの女性委員の声を聴くに焦点を**
供稿/李文杰　樊文军　摄影/樊文军 中国全球图片总汇	李文傑、樊文軍=文　樊文軍=写真 新華社写真データベース中国グローバル写真集大成
2016 年 3 月，中国十二届全国人大四次会议和全国政协十二届四次会议圆满完成各项议程，分别于 3 月 16 日和 3 月 14 日在人民大会堂胜利闭幕。两会审议通过了政府工作报告、表决通过《慈善法》、批准“十三五”规划纲要……全国各级妇联组织、女代表和女委员们关注经济、教育、就业等诸多民生话题，也关注着女性自身的成长与发展，为了全体女性同胞的权益努力鼓与呼。	2016２０１６年 3３月、中国「両会」（第 12 十二期中国人民代表大会第 4 四回会議と第 12 十二期中国人民政治協商会議第 4 四回会議）はが順調に進み、各項の議事日程を円満に終え、それぞれ 3 月 16 日、と 3 月 14 日に人民大会堂で成功裏に閉幕した。両会では、政府活動報告が審議・可決され、「『慈善法」』が賛成多数で可決され、第 13１３次 5 五ヵ年計画綱要が採択された……全国各レベルの婦人連合会組織、女性の代表、たち及び女性の委員たちは経済・、教育・、雇用等の民生問題の課題に関心を寄せ、ながら女性自身の成長と発展に注目しを集め、全ての女性同胞の権益のために声をあげ訴え続けている。
数字看两会	**数字から両会を読み解く中国の両会**

图 2-3　中国教师一校稿

这一时期的课堂内容主要是小组代表到讲台上向全体同学进行展示汇报，其他小组进行提问和讨论，老师进行点评指导。小组合作共同探讨、分享经验，既可以相互借鉴学习，也有利于促进多样化思维和创新。

(二)日籍教师二校

此后，由日语学院日籍教师进行二校，为期 7 天，每人约 5 万字。二校继续采用审校“修订”模式，主要由日籍教师从日语母语者的角度斟酌译文日语表达是否自然，进行母语润色(见图 2-4)。

要贯彻落实创新、协调、绿色、开放、共享的发展理念，以新发展理念引领发展；要抓重点，补短板，深化改革促发展，积极推进结构性改革特别是供给侧结构性改革，增强经济发展的活力和动力，动员全社会力量，进一步发挥工青妇等群团组织和社会组织的积极作用，打赢脱贫攻坚战，让包括广大妇女在内的人民群众有更多	イノベーション、協調、環境~~グリーン~~、開放、共有~~に享受~~という 5 つの~~大~~発展理念を徹底的に貫き、新たな発展理念で発展を導く必要がある。重要なポイントを捉え、不足を補い、改革を深めることによって発展を促し、構造改革、特に供給側の構造改革を積極的に推進し、経済発展の動力と活力を強化する~~必要がある~~。全社会の力を発揮させ~~し~~、労働組合・青年連合会・全国婦女聯合会などの~~非政府~~機構組織や~~と~~民間~~社会~~組織は~~の~~積極的な役割を更

图 2-4　日籍老师二校稿

(三)中国教师终校

接下来，针对这项外宣内容的翻译工作，由日语学院的负责人(中国教师)进行终校，为期 7 天，工作内容为再次确认译稿内容的政治导向是否正确。

在该周的课堂教学实践中，主要由学生以个人为单位，对比自己的初译稿和经过多次审校后的终译稿，对译词选择、翻译策略、译文正确性、工具使用等进行回顾与反思。教师进一步挑出其中一些内容，引导学生进行深入思考,鼓励学生就此内容撰写翻译案例分析报告或翻译研究论文。

以上翻译阶段(Do)和审校阶段(Check)的各环节可以同步交叉进行。项目负责老师带领一名 MTI 学生制作项目进度表,并由该名学生负责学生译员的稿件派发、翻译进度跟进、工作量统计等,教师则主要负责学生译员稿件质量评估、教师稿件派发、审校进度跟进,以及与《中国妇女》杂志方的沟通等。例如,该项目本身没有排版要求,文稿由杂志社送交图文公司进行排版印刷,但在横板 word 文档被转换为竖版 PDF 文档后,翻译团队发现了多处排版错误。针对这些错误,翻译团队又对 PDF 文档进行了第四次审校,并整理提交了终校稿(见图 2-5)。

青春の息吹に満ち溢れた都市になる一方、文芸青年の目の中では、南京は依然として民国時代のレトロ感覚の漂う古都である。南京という都市は、まさに上品でインテリムードの溢れる町である。

南京に来ると、思わず昔のことを思い出す。至る所にある高いプラタナスを見る度に、蒋介石の夫人である宋美齢によって起こされた文明生活革命が目に浮かび上がってくる。さらに歴史を遡ってみると、李鴻章が創立した金陵製造局が見えてくる。民国時代に兵器工場に変わり、今は芸術ブロック「1865創意園区」となった。さらに中山陵、大統領府などの場所では、いつも民国女子学生の格好をしている人とすれ違ったような気がする。軍装ぞろいの姿、理想主義に溢れている面影、朝日のようにきらきらとした眼差し、ブーツを履いた若者たちの足から響き渡るの高らかな音。何もかもがよみがえってくるような気がする。

CNNに「中国最も美しい書店」と呼ばれている南京先鋒書店は、ここ数年、カルチャ観光地として、大統領府文史書店、民国書院、南京博物院新生活書店や美齢宮文史書店を相次いで開設した。緑の瓦や黄色い壁が飾られている、「極東一の別荘」と呼ばれている美齢宮には、宋美齢女史の中国画の作品が飾られている。また、美容効果のある美齢茶、民国風のはがきや工芸品などの商品も用意されている。

また、民国風味の料理を求めて、老舗レストランの「馬祥興」へ行って卵シュウマイ、揚げ魚の甘酢あんかけ、鴨の膵臓と鶏肉、えびフライという民国四大名物料理を賞味する人もいる。実は雰囲気と言えば、まず民国紅公館をお薦めしたい。大都市に隠れているこのレストランは外は青い扉しかないが、内に入るとまるで別世界のようである。洗練された庭づくりや、個室の中の食器、家具、シャンデリア、壁画など、どこもかしこも温もりのある民国情緒が漂っている。大統領府の西側にある1912ブロックもレトロ感覚に溢れており、そこには「民都図」というレストランがあるが、民国時代の軽食、大統領魚、美齢牛肉、少将紅焼肉（豚肉のしょうゆ煮込み）など、料理の名に恥じない工夫が凝らされている。「申し訳ございませんが、本日大統領は大変お忙しいので、お客さまとの食事はご遠慮させていただきます」と女性兵士の格好をしたウェイトレスがもっともらしい口振りで挨拶することもある。

知識:

文芸」1865創意園区：もとは鴻章が創立した金陵製造局ある。現代芸術を鑑賞したいら、凡徳アート展示ホールにくのがよい。また「御庭精品テル」や「心之旅旅館」、さら秦淮河や「中世の七大奇観」一つと呼ばれる大報恩寺にってもよい。

武湖の日没：紫金山の西麓にる一山美術館で一息つくことできる。屋上のバルコニーにテーブルが1つしかないため、約が必要。

パーティー」カルチャーサロ：升州路にある美大紙商店、南京では有名な古い建築物あり、かつて南京南部で最もい建物でもあった。現在は昔映画のポスター、スチールなを展示するサブカルチャーサンになっている。

寝かしつけの物語」：飲み屋集まる上海路には「梅茜の小」があり、マスターの張嘉佳さがミニブログで書いた「寝かつけの物語」シリーズが爆発に人気を呼び、それをきっかに、ファンたちがこの店に集ってきている。「深夜食堂」おける噂の「本音ソファ」が板である。

【古徽州】

古徽州の一府六県に所属した婺源県が江省の管轄、績渓県が宣城市に編入されてら、文人の江南への思いが宿る徽州という名が不完全になってしまったようであるしかし、行政区画が変わったとはいえ、工芸に溶け込んだ徽州文化は消えてはいない。

古今をつなぐ墨の証

宣城から渓口鎮に向かうでこぼこな山道は、るで画仙紙の上に広がるぼんやりとした墨跡のうで、灰色の中に写意山水画の境地が秘められいる。雨水はコケの生えた灰色の瓦に沿って、れた数珠のようにこぼれ落ちてくる。ここは宣の後継者張文年の居住地である。宣筆作りは手

图 2-5　中国教师终校稿

（四）拓展阶段（Act）

在传统翻译教学中，学生翻译及教师审阅结束之后，会开展分享或总结活动，对存在的问题展开讨论，思考同类问题的改进策略。在项目驱动式翻译教学中，多层次的回顾与反思，可以有效提升翻译教学的效率，有利于翻译研究人才的培养，这是北二外日语学院项目驱动式翻译教学的重要特点，也是“项目进课堂”的意义所在。

译后拓展涉及教师层面和学生层面。

在教师层面，项目指导教师引导学生对自己的翻译过程和决策进行反思，鼓励他们总结经验，分析问题，并提出改进措施。同时，教师可以有意识地梳理项目中出现的典型问题，收集真实的语言和情境材料，完善和建设“日汉汉日翻译平行语料库”“翻译术语库”，为之后的翻译教学及教材编撰奠定更为扎实的基础。

在学生层面，学生可以按照MTI教指委《培养方案》的要求，对翻译过程中遇到的主要问题及其解决方案进行思考，在查阅相关文献的基础上进行论证分析，形成一定的独立见解和观点，最终以翻译实践报告、翻译案例分析报告、翻译研究论文的形式对之加以呈现。

当然，项目驱动式翻译教学与传统课堂教学并不背离。项目驱动式翻译教学在实际操作、团队合作和解决问题方面表现突出，而传统课堂教学在知识传授、理论研究和方法论指导方面具有优势。二者在培养学生的翻译能力、巩固学生的专业知识和实践技能、促进学生的成长与发展这些共同的教学目标上高度一致且具有互补性。因此，在项目驱动式翻译教学中，我们通常会对同一时期的课堂教学内容进行灵活设计，两种教学方式相结合，可以起到相辅相成、事半功倍的作用。

例如，在《中国妇女》杂志项目翻译期间，我们就对同期的“口笔译工作坊”课程的具体授课内容进行了灵活的调整(见表 2-1)。

表 2-1　翻译项目同期“口笔译工作坊”课程内容

第一周	教学目标： 1.对项目内容有初步了解；2.组建团队，分配任务，制定时间表；3.做好文本及心理准备。	译前准备(对应“Plan 阶段”)： 1.了解杂志背景、读者人群、杂志栏目、文本特点；2.阅读往期文本，把握翻译风格及翻译的重点难点，补充背景知识；3.制作术语表及翻译风格指南。
第二—三周	教学目标： 1.完成初译及学生互校；2 统一格式、译词；3 统一文本风格。	译中(对应“Do 阶段”)： 1.学生分组发表本组的初译；2.教师对共性问题进行点评，统一译词、行文风格、文本格式、标点符号；3.难点重点探讨。
第四—五周	教学目标： 1.完成全部审校；2.点评重难点部分的翻译；3.打磨语言能力。	译中(对应“Check 阶段”)： 1.学生回顾与反思(对比初译及终译)；2.思考与讨论(难点、共性问题，问题意识引导)。
第六周	教学目标： 1.总结翻译策略及方法；2.熟悉项目流程，明晰项目成员定位，提高团队合作及项目推进能力，为下一次翻译项目做好准备。	译后(对应“Act 阶段”)： 1.学生发表(总结本次翻译中习得的基本翻译策略，对自己在项目过程中的表现进行评估)；2.教师点评(如何优化项目流程；如何提高翻译效率及质量)；3.引导学生就实践中的问题撰写翻译实践报告、翻译案例分析报告、翻译论文，助力毕业论文写作。

第三节 项目驱动式翻译教学中思政要素的融入

习近平总书记高度重视立德树人在我国教育中的重要地位和作用。2020 年 6 月 1 日,教育部印发《高等学校课程思政建设指导纲要》,要求将思政教育贯穿人才培养体系,全面推进高校课程思政建设,发挥好每门课程的育人作用,提高高校人才培养质量。新时代思政教育要围绕“培养什么人、怎样培养人、为谁培养人”[①]展开。

在翻译项目教学中:(1)可以通过选择合适的翻译文本,帮助学生了解和弘扬中国传统文化、社会主义核心价值观,增强学生的民族认同感和文化自信。(2)可以引导学生在接触不同国家和文化的内容时理解和尊重不同文化,培养国际化视野和多元化理解,促进国际交流。(3)可以引导学生思考和讨论文本中的价值观和伦理问题,培养他们的批判性思维和判断力,帮助他们做出准确的判断。(4)可以引导学生在翻译活动中了解社会问题,增强他们的社会责任感和使命感,在未来的职业生涯中更好地服务社会和国家。

前面提到,《中国妇女》杂志在其发展历史中经历了多个阶段,它不断调整自身定位和内容,以适应社会发展和女性需求的变化,其多样化的内容、活动和传播方式为女性提供了广泛的信息和指导,为促进女性权益和发展作出了重要贡献,受到广大读者的欢迎——《中国妇女》杂志日文版与其一体同构(见图 2-6、图 2-7)。在《中国妇女》杂志每期的“特别策划”和“时事”

① 教育部关于印发《高等学校课程思政建设指导纲要》的通知[EB/OL].(2020-05-28)[2022-07-01].https://www.gov.cn/zhengce/zhengceku/2020－06/06/content_5517606.htm.

部分都有许多新词或短语，比如“快时代”“黄金地段”“熟人效应”等，对这些新词的把握与翻译对于中译外实践大有裨益。

图 2-6　《中国妇女》杂志日文版封面

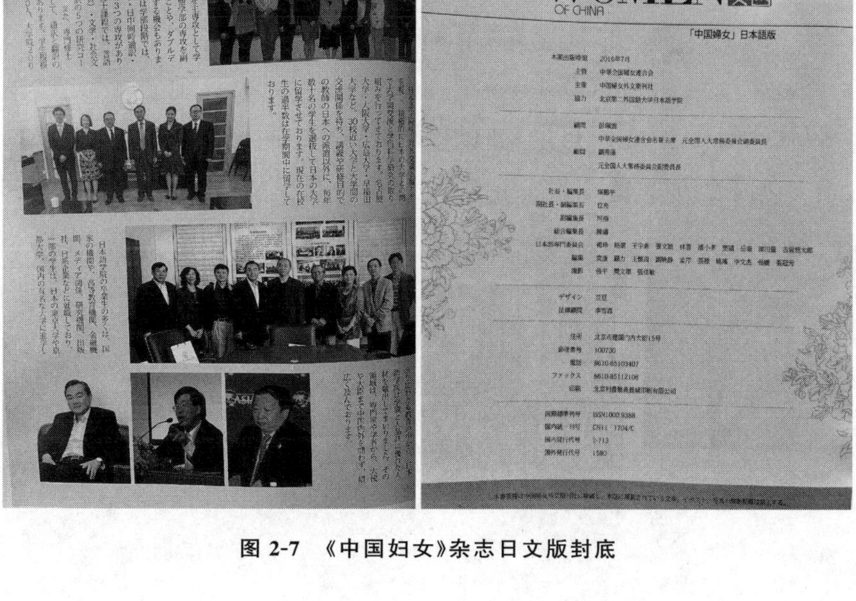

图 2-7　《中国妇女》杂志日文版封底

例如，中文原稿中有一句“我们来看一下由《中国日报》和日本言论 NPO 共同实施的‘中日关系舆论调查’中的数据”。学生的初译稿为：“では、『中国日報』と日本世論 NPOが共同に実施した「中日関係世論調査」のデータを見てみよう。”日籍教师将其中的『中国日報』改为了『チャイナデイリー』。在课堂讨论中，学生们对这一译词的选择展开了认真讨论。学生查证后发现，在日本的网站上查不到『中国日報』一词，日文网站使用的均是其英文名“China Daily”的日译『チャイナデイリー』(见图 2-8)，所以日籍教师也采用了这一约定俗成的译法。

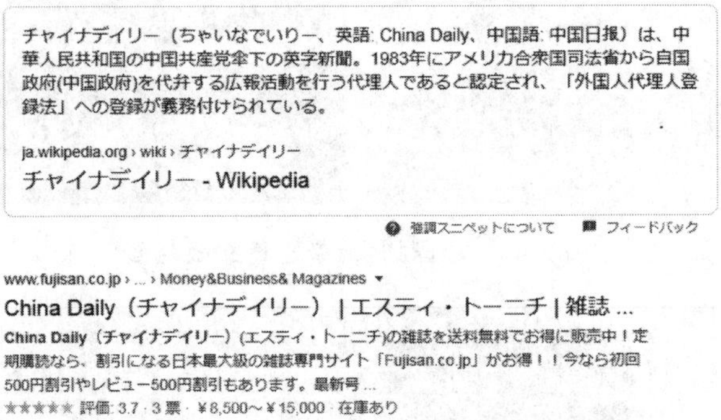

图 2-8　日文网站上使用的《中国日报》的译词

以往我们在对《中国日报》进行日译时，基本都采用『中国日報』这一译法，如人民网等(见图 2-9)。由此可见，在专有名词的翻译上，会存在不同的译法，很多是符合惯例或基于国家对外宣传需要的、“约定俗成”的译法。

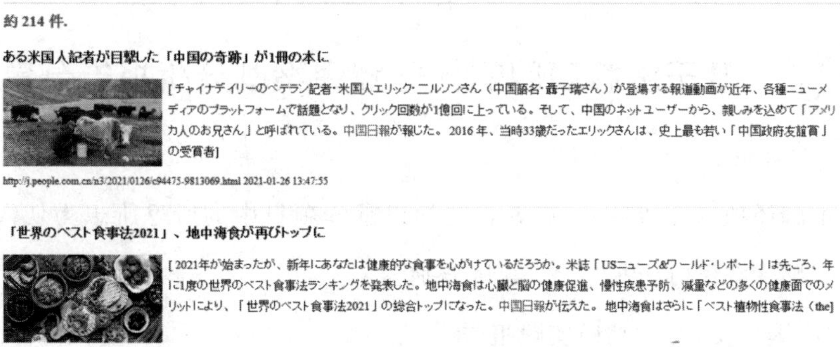

約 214 件.

ある米国人記者が目撃した「中国の奇跡」が1冊の本に

[チャイナデイリーのベテラン記者·米国人エリック·ニルソンさん（中国語名·聶子瑞さん）が登場する報道動画が近年、各種ニューメディアのプラットフォームで話題となり、クリック回数が1億回に上っている。そして、中国のネットユーザーから、親しみを込めて「アメリカ人のお兄さん」と呼ばれている。中国日報が報じた。2016 年、当時33歳だったエリックさんは、史上最も若い「中国政府友誼賞」の受賞者]

http://j.people.com.cn/n3/2021/0126/c94475-9813069.html 2021-01-26 13:47:55

「世界のベスト食事法2021」、地中海食が再びトップに

[2021年が始まったが、新年にあなたは健康的な食事を心がけているだろうか。米誌「USニューズ&ワールド·レポート」は先ごろ、年に1度の世界のベスト食事法ランキングを発表した。地中海食は心臓と脳の健康促進、慢性疾患予防、減量などの多くの健康面でのメリットにより、「世界のベスト食事法2021」の総合トップになった。中国日報が伝えた。地中海食はさらに「ベスト植物性食事法（the]

图 2-9　人民网日文版使用的《中国日报》的译词

通过上述翻译实践，学生发现，在翻译时译员会基于不同国籍、母语及立场对译词进行选择。这就要求学习者平时多听、多看、多读中文和日文的文章及新闻，熟悉各自语言中“地道”的以及“约定俗成”的表达，进行积累，学以致用。尤其需要注意的是，要带着“发现”的眼光、带着“思考”进行翻译，不能人云亦云。在阅读日语新闻时，不仅要了解日本媒体发布的日语新闻，更要关注中国主流媒体如人民网、新华网、CRI 发布的日语新闻，关注并思考它们在翻译“新词”“热词”“关键词”时的异同，才能保证自己也能基于正确的立场准确地进行翻译。

第四节 基于出版项目的优秀翻译案例分析报告分享

本翻译项目完成后，共有 8 名同学以翻译项目中的所思所想为切入点，撰写了翻译案例分析报告。① 题目分别为：

《中国妇女》杂志翻译实践报告

——以中译日句子间逻辑关系的显化为中心

《中国妇女》杂志翻译实践报告

——汉译日复句分译策略的探究

《中国妇女》杂志翻译实践报告

——以汉译日时的“加译”为中心

《中国妇女》杂志翻译实践报告

——以词和短语的翻译策略为中心

《中国妇女》杂志翻译实践报告

——以“ている”的误译分析为中心

《中国妇女》杂志翻译实践报告

——以词性转换为中心

《中国妇女》杂志翻译实践报告

——以汉译日中的转译为中心

---

① 在 2024 年以前，按照全国 MTI 教指委的规定，此类报告的名称为“翻译实践报告”。随着 2023 年 12 月最新的《翻译专业学位类别 硕士学位论文基本要求（试行）》出台，从 2024 年开始，此类报告的名称改为“翻译案例分析报告”，其形式与内容与之前基本一致。以下不再一一指出。

汉语杂志文章标题的日译策略分析

——以《中国妇女》的翻译实践为例

以下将选取其中的优秀案例进行分享①。

日文题目：雑誌『中国婦人』の翻訳実践レポート

——語彙とフレーズの翻訳ストラテジーを中心に

中文题目：《中国妇女》杂志翻译实践报告

——以词和短语的翻译策略为中心

论文作者：翟敏

一、绪论

《中国妇女》杂志由中国妇女杂志社出版发行，是中国第一本女性刊物，创办至今已有近80年的历史。该杂志主要介绍中国女性的巾帼风采，设有"妇联直播间""聚焦""婚姻与家庭""家叙家议""健康生活""法律帮助"等丰富多彩的栏目。《中国妇女》杂志除了在中国国内发行，也被翻译为英文版、法文版、日文版等多种版本面向海外发行。其中，《中国妇女》杂志的日文版为季刊，每年发行四期。

《中国妇女》杂志的受众主要是18—45岁的知识女性和职场女性。该杂志致力于向国际社会传播中国古今优秀文化，关注女性在全球范围内的问题和发展，积极倡导推进国内外女性的交流与合作，是中国女性问题和女性文化的重要发声平台，更是包括邻邦日本在内的世界各国了解中国女性的

① 可在北二外学位论文库中检索到本翻译案例分析报告的日文版。为了方便阅读，本书收录的内容已被译为中文。此外，由于篇幅所限，笔者去掉了报告的附录、脚注、参考文献等信息，对例句等内容进行了适度删减。

重要桥梁及纽带。

本翻译实践报告素材选自《中国妇女》杂志海外版"时事"和"特别策划"两个部分,语对方向为汉译日,中文原文共计1.1万字。"时事"部分主要是关于中国女性的最新报道,"特别策划"部分则由对优秀时代女性的介绍及采访两部分组成。总体说来,《中国妇女》杂志上登载的文章行文流畅,语言优美,富于表现力,一个个小故事娓娓道来。仅以笔者手头的素材为例,文章既使用了"堆积如山"等贴近生活的比喻等修辞手法,也不乏"游刃有余""匪夷所思"等中文里常见的四字词语,还有"正能量"等时代新词,反映了当前社会生活中的热点。在翻译时,如何遵循"信、达、雅"的翻译原则,既能忠实传递原文信息、再现原文语言特征,又能更好地为目的语读者接受、"讲好中国故事",是译者必须认真思考的问题。本翻译实践报告将基于笔者的翻译实践,主要围绕杂志翻译中"词、词组、短语"的日译策略进行分析。

二、翻译过程

(一)译前准备

充分的译前准备是做好翻译的必备条件。本次翻译实践的译前准备主要分为"精读往期杂志"和"通读待译文本"两个阶段。

在接受翻译任务后,笔者首先从负责老师处获得了之前已出版的日文版《中国妇女》杂志。通过对照阅读往期杂志的中文原文和日语译文,可以总结杂志的语言特点,把握翻译风格。接下来,在拿到本次需要翻译的任务文本后,笔者反复阅读原文,直到彻底理解。本次笔者负责初译的内容约有1.1万字,涉及不少人名、公司名、新词等。为了保证翻译的准确性,笔者除了使用词典确认词义外,还使用网络尽可能多地查找了相关的中日文资料。笔者在本次翻译实践中使用的字典工具除『超級クラウン中日辞典』等中日词典外,还有『スーパー大辞林』、『新明解国語辞典』等日本的国语辞典。

(二)实践意义与目的

作为外宣翻译项目,《中国妇女》杂志翻译项目有助于对象国读者更加客观全面地了解中国现状,感受中国女性风采,增进世界与中国的互信,加强文化交流。同时,可以通过对"中国故事"的讲述,提升中国软实力,塑造更好的"中国形象"。也就是说,通过翻译,能够传递中国文化中"和平、友好、合作"的理念,为中国发展营造更为良好的外部环境。

在面向海外介绍中国文化时,首先,要做到"忠实",即在不改变原文信息含义的前提下,忠实地再现词语及文脉信息。为此,译者需要确保准确把握和深入理解中文原文,在此基础上选择最为适合的日语表达。其次,译文需要做到"流畅自然",符合目的语的表达习惯,避免出现"翻译腔"。最后,对于具有明显文体特点和时代特征的内容,需要使目的语读者获得同样的审美感受。换言之,《中国妇女》杂志的日译实践作为外宣翻译实践,译员需要注意遵循"信达雅"的翻译原则,并将其应用于新时期特有词汇的翻译。

(三)实践方法

本次翻译实践由教师带领学生团队进行。负责初译的学生译员两人一组分工合作,在一周内完成初稿。初译完成后,组内展开了第一轮互校。学生译员先对照中文原稿,确认译文中是否存在漏译、误译等情况,并统一了用语、字体、格式等,制作了术语表;然后主要针对日语译文进行反复阅读,对于有疑问的地方展开了讨论;之后,将译文提交给中国老师及日籍专家进行了第二次、第三次审校。最后,译文经中国老师终审后被提交至出版社,由出版社安排排版并正式出版。笔者在比较自己的初译和经过多轮修改后的最终译文时,深刻意识到了自己在翻译中的不足,通过分析及讨论,逐渐积累了翻译经验,并将其应用于之后的翻译实践之中。

三、翻译案例分析——词及短语的翻译策略

本部分将通过具体例子考察词及短语的汉日翻译策略。关于跨文化翻译策略，藤涛文子(2005)总结了"移植""音译""借用""逐字译""释义""适应""省略""加译""解释"九种翻译策略，但在本次翻译实践中，笔者仅遇到了"加译""省略""释义""音译""同化"五种情况，以下主要围绕这五种策略的具体使用情况加以分析。

(一)加译

在汉译日翻译实践中，加译是最常见的策略之一，多用于补充"原文中隐含的内容""原文中被省略的内容"以及"根据上下文语境需要被补充的内容"。在本次翻译实践中，对于具有中国特色的缩略语、单词、四字熟语等，为了便于读者理解，常常需要使用"加译"策略。

【例1】

原文："反家暴法""告诫书""紧急庇护""人身保护令"……这是中国几个月来的关键热词。

訳文：「反家庭内暴力法」「戒告書」「緊急保護」「人身保護令」……これらはここ数ヶ月中国でのホットワードになったものだ。

在例1中，中文的"反家暴法"即《中华人民共和国反家庭暴力法》的简称，其中"家暴"一词是"家(庭)暴(力)"的简称，在中文里是一个十分常见的说法，但是日语里并没有「家暴」这个词。日语中常用的「DV」(domestic violence)这一缩略语也明显不适合用于描述"反家暴法"这一法律名词。因此，虽然中日文中都有与该词相关的缩略语，但这些缩略语又都不能明确表述该词，这里必须补充被省略的内容，将"反家暴法"翻译为「反家庭内暴力法」，才能忠实传达原文的含义，符合杂志翻译的要求。

【例 2】

原文：她是个响应“快时代”行为方式的很“酷”的读书人，她建立自己的阅读文档，请助手摘录每本书的精华语句，然后把书送给其他需要的人。

訳文：彼女は「変化の速い時代」に合わせたとてもクールな読書人なのである。自分で読書ノートを作成し、アシスタントに本の中の選りすぐりの表現を書き出させ、それから書籍を必要な人に贈呈している。

在例 2 中，如果将“快时代”直译为「速い時代」，估计日语读者会一头雾水，产生「何が速いのか」的疑惑。这时需要在「速い」之前补充「変化(が)」或「ペース(が)」等，明示“快”指的是“(变化)快”或者“(生活节奏)快”，才能准确传达原文所要表达的意思。

在本次翻译实践中，类似上述两例使用加译策略的情况非常多。总体来说，在词汇和词组层面，使用加译策略主要是为了明确上下文的信息内容或逻辑关系，忠实传达文意。

(二)省略

省略也被称为减译，其不仅是指对重复性信息或已知“旧”信息的省略，也指为了使译文更为简洁自然，根据目的语的文本特点和语言习惯，适当省略原文中的部分信息。使用省略策略的基本原则是，省略后的译文虽然可能在表面上与原文不完全逐字对应，但仍然能够准确地传达原文意思。

【例 3】

原文：她们能在一个小小的空间内将所拥有的物品，最大限度地活用起来……

訳文：彼女たちは小さな空間にあるものを最大限活用し……

在例 3 的日语译文中，中文的数量词“一个”明显被省略了。这是因为原文中的“一个”并不是在描述某个“空间”的具体数量，而是泛指“某个不特定的空间”，因为汉语语法要求每一类名词前应搭配相应的或特定的量词。换言之,这里的"一个"仅满足了搭配上的需要,而不侧重于表示数量。在中文里,不表示具体数量的"一+量词"的短语很多,日语中这种情况则很少。在汉译日时,遇到这种情况基本均可以使用省略策略。

【例4】

原文:开心的工作,用心的生活,用一个"完全的自己"正面对待工作和生活,是她一直推崇和坚持的理念。

訳文:楽しく仕事をし、心の込もった生活を送り、「完璧な自分」で仕事と生活をしていくのが、彼女がずっと抱いてきた信念である。

例4原文的"推崇和坚持"可以被理解为两个意思相近但又各有侧重的动词,可以将其译为「高く評価して固く守る」,但显得较为冗长。同时,日语的「抱く」一词具有「当面の事態に対する反応として、ある種の思い詰めた気持ちを持つ」之意。再来看"理念"的日语译词「信念」,其字典释义是「理屈を超えて、固く思いこむ心」。「信」这个词的背后,蕴含了"认可""相信"这一积极评价。也就是说,仅从字面的对应关系看,似乎"推崇和坚持"的日语译文中少了一个动词,但「抱く」与「信念」合起来表达了「その信念を認め、守り、ずっとその信念に導かれて前に進む」的含义。译文清晰简洁地体现了原文想要表达的含义,而且更符合日语的表达习惯。

(三)释义

释义是一种解释性的翻译策略,指的是当目的语中没有合适的译词时,可以不拘泥于原文的语序和用词,而采用不同的句法结构表达与源语相同的内容。在翻译具有独特文化背景的内容时,这一翻译策略很常见。

【例5】

原文：直到我运用了熟人效应，请她的闺蜜给出意见，才让她转变过来。

訳文：彼女をよく知っている人たちの力を借りようと思い、彼女の親友たちの意見を聞かせて、そこではじめて考えを変えさせることに成功しました。

例5的"熟人效应"在中文里指"有认识的人的话，事情就会好办"的现象，如果将其直译为「知人の効果」(熟人的效应)，则完全不能表达出这一含义，甚至让人感觉不知所云。通过上下文可以判断，该句的意思是"我请她的熟人(闺蜜)帮助劝说，才使她改变了想法"。日语中的「力を借りる」(借……之力)、「力を貸してください」(请帮我……)等短语一般指寻求他人帮助，因此，对"运用了熟人效应"可以采取解释性翻译，将其译为「よく知っている人たちの力を借りる」，才能准确表达原文的含义。

【例6】

原文："纸的时代"书店几乎占据了他每个商业中心5000平方米的黄金位置。

訳文：「紙の時代」という本屋を経営し、その本屋はほとんど彼が所有しているすべてのショッピングモールの5000平米もある最高の場所を占めていた。

例6的"黄金位置"在中文里多指"交通便利、人口密集、商业繁华的地段或商铺"。这个词乍一看似乎有相应的对译词「ゴールデンゾーン」，但查阅字典可以发现，「ゴールデンゾーン」在日语中指的是"顾客站在店外时，首先进入其视线的区域"，更类似中文的"黄金陈列区"。本实践中采用了"释义"的策略。考虑到这里的"黄金位置"旨在表示"极其珍贵的位置，最好的位置"，翻译团队将其译为了「最高の場所」。

总体来说，在翻译具有独特文化背景的词或词组时，或者是一些在目的语中没有完全对应译词的新词、热词时，可以在"信、达、雅"的翻译原则的指导下，不拘泥于原文的形式，灵活使用释义的翻译策略。

(四)音译+(原词)

在笔者本次负责翻译的部分中，出现了不少外国人名以及“财经论坛”“华尔街日报”等外国节目名称及报纸名称。这些名词本来就是从英语等外语翻译而来的，因此在将其翻译成日语时，可以采用音译，译成日文的外来语。为了严谨起见，一般会在音译的外来语后面加括号补充外文原词。

【例7】

理查德·科克	リチャード・コッチ（Richard Koch）
莎伦·爱普森	シャロンエパーソン（Sharon Epperson）
《今天》	「トゥデイ」（Today）
《财经论坛》	「スクワークボックス」（Squawk Box）
《华尔街日报》	「ウォールストリートジャーナル」（The Wall Street Journal）
麦肯锡	マッキンゼー（McKinsey）

一方面，以《华尔街日报》为例，它是全世界最具影响力的日报之一，也是金融和商业领域的风向标，其英文名称是“The Wall Street Journal”，日语中也早有对应的译词「ウォール・ストリート・ジャーナル」，在翻译时可以直接使用。

另一方面，对于那些不耳熟能详的人名、地名、公司名、杂志名等，可以先使用网络查找其对应的外文说法，然后进行音译，并在日文网站上再次确认译词是否准确，确认长音、拗音、浊音等。考虑到出版物的严谨性，无论该词是否在日语中已有对应译词，一般都需要在译词后面加上括号，标出其外文原词。这时同样需要注意不能出现拼写错误。

(五)同化

同化是指在翻译具有独特文化背景的源语时，不根据源语(ST)的语言和文化特质，而根据目标语言(TT)的语言和文化特质来进行翻译。

【例 8】

原文：为了跟上读者的精神需求，她每天保持 4 万字左右的阅读量。

訳文：読者の心をとらえるために、彼女は日々、約 4 万字の読書量を自身に課している。

例 8 中“跟上读者的精神需求”是典型的中文说法，如果将其直译成日语的「読者の精神的ニーズについていく」，虽然读者也能理解，但是非常不自然。日语词典对「精神」一词的解释是「人間のこころ。心の働き」，而对「心」的解释是「人間の理性・知識・感情・意志などの働きのもとになるもの。また、働きそのものをひっくるめていう。精神。心情」。从上述日语国语辞典的解释可以看出，日语中的「心」包含了「精神」的含义，并且更贴近例 8 中的“精神”(指意识、思维、神志等)的含义。因此，笔者在翻译本句时并未将其直译为「読者の心のニーズを満たす」，而是根据上下文语境，采用了「読者の心をとらえる」这一更符合日语文化特质的表述。

再来看一个与“精神”一词有关的例子。

【例 9】

原文：其实和身体的状态来比，在精神上照顾好自己更重要。

訳文：実際は体のケアよりも心への気配りがより重要です。

例 9 的“精神上照顾好自己”可以被直译为「精神的に自分を大事にする」，虽然它在语法上没有错，但作为日语并不易懂。结合原文的上下文内容可知，例 9 中的“精神上照顾好自己”为“倾听自己的心声，减轻压力”之意。因此，这里解释性地将动词句译为了名词词组「心への気配り」，既简洁易懂，也与前半部分“身体的状态”的译文「体のケア」有了很好的呼应。

四、结语

本翻译实践报告主要以笔者实际参与的《中国妇女》杂志翻译实践为素材，从“加译”“省略”“释义”“音译”“同化”五个方面总结了词、词组、短语的日译策略。

第一，在翻译具有中国特色的缩略语以及特有的词汇及短语时，为了使目的语读者能更好地理解，可以使用加译策略。增加的内容主要包括(1)原文中隐含的内容(2)在原文中被省略的内容(3)根据上下文语境需要被补充的内容。第二，汉语的数量词"一＋量词"有时并没有实际意义，其出现只是出于音节调整或词语搭配的需要，在将其翻译成日语时可以适度省略。第三，对于一些在目的语中没有完全对应译词的新词、热词，可以适当进行解释性翻译。第四，对于一些原本就源自英语等外语的汉语词汇，例如人名、地名、公司名、杂志名等，在将其译为日语时，可以首先查找其外文原文，再将外文音译为日语的外来语。考虑到杂志作为出版物的严谨性，一般需要在日语外来语后以括号形式附上外语原词。第五，在翻译具有独特文化背景的源语时，如果目的语中没有完全对应的译词，还可以灵活使用同化策略。

笔者基于自身翻译实践，通过分析具体例子，总结了杂志汉译日时的翻译策略。由于笔者翻译经验尚浅，分析中有许多不足之处。此外，笔者本次翻译的文本是女性杂志，所总结的翻译策略是否适用于其他类型的杂志文本(例如面向儿童的杂志或者其他专业性杂志)等，还有待今后进行更为全面深入的考察。

第三章　翻译项目二：专利翻译

——以校企合作专利翻译项目为例

第一节　专利翻译项目介绍

知识产权是国家发展的战略性资源、国际竞争力的核心要素，自1985年中国颁布《中华人民共和国专利法》以来，尤其是近年来在“一带一路”“大众创业、万众创新”的指引和驱动下，中国知识产权事业实现了高速发展。2024年1月，世界知识产权组织（WIPO）发布的《知识产权事实与数据2023》显示，2022年，全球有效专利数量增长了4.1%，达到1730万件左右。有效专利数量最多的国家是中国（420万件），其次是美国（330万件）和日本（200万件）。2022年，全球有效商标注册量约8250万件，其中中国的有效商标占到半数以上（4270万件），远超第二位的美国（310万件）。全球有效工业品外观设计注册量约580万件，中国仍居首位（280万件）。[①] 这标志着我国继续向知识产权创造大国转变。与此同时，我国知识产权的质量也在稳步提升。世界知识产权组织发布的《2023年全球创新指数报告》亦显示，中

① WIPO发布《知识产权事实与数据2023》[EB/OL].(2024-01-01)[2024-02-02].http://www.lungtin.com/Content/2024/02—06/1632535241.html.

国的排名已提升至全球第 12 位，中国已成为近十年来全球创新指数排行榜上攀升最快的中等收入经济体之一。①

随着中国知识产权的国际话语权不断提升，知识产权方面的国际交流日益增多，专利翻译等语言服务的需求量也出现了大幅增加。专利翻译是企业在国际上申明知识产权的第一步，准确的专利翻译有助于确保企业在不同国家和地区保护其技术和创新，拓展全球市场，提升商业竞争力，也有助于促进不同国家和地区间的知识共享，推动全球范围内的科技进步。

针对知识产权翻译人才紧缺的行业现状，北京第二外国语学院日语学院早在 2015 年开始便与国内知名专利公司开展校企合作，建立了专利翻译实习实践基地，充分利用企业丰富的专利翻译实践经验、机器翻译技术和智力资源，强化了学生对于知识产权语言服务的认知，助力高水平国际专利语言服务的人才储备（见图 3-1）。

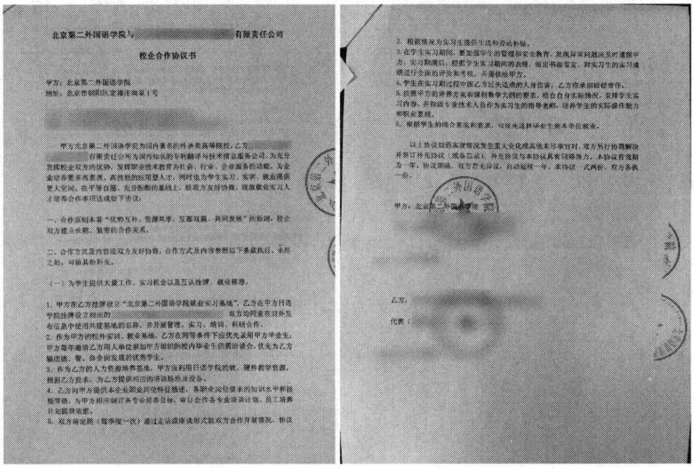

图 3-1　与专利翻译公司签订的实习实践基地合作协议

① 2023 年全球创新指数发布 中国位居第 12 位[EB/OL].(2023-09-27)[2024-02-02].https://baijiahao.baidu.com/s?id=1778182538337077688&wfr=spider&for=pc.

第二节　双线运行体制下的专利翻译校企合作模式

根据协议计划，专利翻译项目采用了目前与专利相关的校企合作中较为常见的"线下孵化＋线上运营"双阶段的"互联网＋"双线运行模式，并通过翻译案例分析报告撰写任务帮助学生实现知识内化。

一、线下孵化

由于专利文献具有较强的专业背景及规范性，在正式开始翻译项目之前，学院联合专利翻译公司开展了为期一个月的专利翻译培训课程，为学生提供专利翻译领域的专业指导和资源。

(一)使用往期专利文档及相关资料，进行前期准备

学生首先对专利公司提供的已经解密的往期专利文档的原文和译文进行学习。这期间，专利公司为学生提供了翻译手册、翻译风格指南（见图3-2）、术语表等，帮助学生尽快熟悉专利翻译的具体情况。

1.不能改动原文的文件名、扩展名、内容及格式。

2.译文中的标点、英文字母等均使用全角，数字使用汉字。

3.标点符号的使用如有不明之处，可以直接复制原文标点。严禁随意改变标点。

4.专门用语如非日常生活中频繁使用的词，尽可能使用片假名。

5.为避免出现格式混乱，不能直接复制内网上的译词。

6.机翻文本由专利部门提供，其中不少技术用语来自客户。翻译时请务必确认参考。

图 3-2　《汉日专利翻译风格指南》的部分内容

例如，上述《翻译风格指南》明确提出了专利翻译中需要重点注意的事项，包括对文件命名、格式、标点符号、术语库使用等方面的要求。

此外，对于专利表述中常见的“均是……”“本发明公开了一种……方法及其应用”等句式，或者容易被译员混淆的词语，专利公司也提供了对译表（见图 3-3）。

中文	日语译文
所述	前期
前述	前述
现有技术	従来技術；従来の技術
设备	設備
装置	装置
器件	デバイス
元件	素子
和/或	及び/又は
根据	に基づいて
其特征是:	その特徴は以下のとおりである：
本发明公开了一种〇〇，包括……和……	本発明は〇〇を開示し、…と…を含み
本发明涉及〇〇技术领域，具体提供了一种……装置	本発明は〇〇技術分野に関し、具体的には…装置を提供し

图 3-3 《汉日专利翻译术语对译表》的部分内容

这一时期，学生主要使用已解密的往期文档，参照《翻译风格指南》和术语表，进行试译。之后，对照翻译公司提供的最终译文，分析自己翻译中出现的问题。这一时期的“口笔译工作坊”的教学内容也相应进行了调整，主要通过小组发表和集体讨论帮助学生理解并内化知识。

（二）资深译员开展培训，进行线下孵化

接下来，专利翻译公司的资深译员对日语学院学生开展了为期一周的培训，介绍了日汉专利翻译的市场需求、行业现状、工作流程，此外重点介绍了相关网站例如日本特许厅、中国的“专利之星”、EPO－home、公司内网的使用方法，进行了 Trados、memoQ 等机辅软件的操作指导。

这一时期，专利翻译公司提供了不同领域（如医药、机械、通信等）的专利文本作为素材，进行线下孵化。

学生从前期的准备文件、创建和完善翻译记忆库和术语库、上传文件等工作入手，进入真实的专利翻译工作。在学生遇到翻译问题或技术障碍时，专利翻译公司的培训老师会予以指导和帮助。

在 CAT 工具的自动分析下，学生需要翻译的文本与翻译记忆库进行了匹配，如果匹配到翻译记忆库中的内容，CAT 工具会自动填充译文，学生可以在此基础上对译文进行编辑与修正。这一阶段，学生遇到的最大的困难是由于专利涉及多个主题领域、句式词汇复杂，他们缺乏相应背景知识；对中文的理解不足也导致他们无法判断机辅译文的准确程度。因此，同时期的课程教学主要针对上述问题，进行了重点指导。

通过这些预备课程，学生提前接触了翻译市场，更加明确了学习目标。他们在积极踊跃地参与线下孵化活动的过程中，心理上也逐步从“学生”向“译员”过渡。对于在这一阶段表现优秀的学生，校企合作方会择优推荐他们进入专利翻译公司“线上运营”的阶段，参与实战翻译环节。

二、线上运营

在这一阶段，学生进入真实的翻译项目（见图 3-4）。在日语学院与专利翻译公司合作的第一年中，学生主要进行的是专利说明书摘要的翻译（见图

3-5）。摘要是一份专利文档中被查阅得最为频繁的部分，描述了专利的主要内容、创新点和技术领域，在专利检索和数据库查询中发挥着关键作用。由于专利文本的数量大、重复率高，对翻译时间要求高，而其使用的语言又具有格式化、规范化的特点，该公司的摘要翻译采用了“MT＋PE”（机器翻译＋译后编辑）的模式。

图 3-4　从“线下孵化”到“线上运营”

id	IPC	原文	機械翻訳	訳振り	用語	訳文	頻出語
105166780-03S	B01	本发明涉及避免石油管道堵塞的过滤装置改进结构，包括螺旋环，螺旋环包括端部A、端部B，端部B平行设置在端部A内侧，螺旋环外侧设置有过滤网，过滤网上在端部A、端部B的连接处设置有与螺旋环径向垂直的网缝，网缝的2个侧壁之间设置有若干弹性条，螺旋环内侧至少铰接有1对相互配合的弹簧，2个弹簧以螺旋环的中心对称设置，弹簧的活动端设置有固定筒，固定棒卡设在2个固定筒之间，所述螺旋环采用铝合金材料制成。	本発明は石油配管を避けて詰まった濾過装置が構造を改善することに関し，スパイラルリングを含み，スパイラルリングは端部A、端部Bを含み，端部Bは平行に端部Aの内側に設置し，スパイラルリング外側は濾過網が設けられていて，濾過網上に端部A、端部Bの接続に設けられていてスパイラルリング放射状垂直なネット縫じと，ネット縫じの2カ所の側壁は若干の弾性の条の間に設置して，スパイラルリング内側が少なくとも1対をヒンジで連結して互いに配合するバネは，2個のバネはスパイラルリングの中心対称で設置し，バネのイベントは筒に固定することが設けられていることを持ち，ロッドカードに固定して2個の固定した筒の間に置き，前記スパイラルリングはアルミニウム合金材料を用いて作成する。	本发明涉及【に関し】避免【を避けて】石油【石油】管道【配管】堵塞【詰まった】的过滤装置【濾過装置】改进【を改善すること】结构【構造】，包括【を含み】螺旋环【スパイラルリング】，螺旋环【スパイラルリング】包括【を含み】端部【端部】A、端部【端部】B，端部【端部】B平行设置【平行に】在端部【端部】A【Aの】内侧【内側】，螺旋环【スパイラルリング】外侧【外側】设置有【が設けられてい】过滤网【濾過網】，过滤网【濾過網】上【上】在端部【端部】A、端部【端部】B的连接【接続】处设置有【に設けられていて】与螺旋环【スパイラルリング】径向【放射状】垂直【垂直な】的网缝【ネット縫じ】，网缝【ネット縫じ】的2个【カ所の】侧壁【側壁】之间设置【の間に設置して】有若干弹性条【若干の弾性の条】，螺旋环【スパイラルリング】内侧【内側】至少【少なくとも】铰接【をヒンジで連結して】有1对【対】相互【互いに】配合【配合する】的弹簧【バネ】，2个【個の】弹簧【バネ】以【で】螺旋环【スパイラルリングの】的中心对称【中心対称】设置【設置し】，弹簧【バネの】的活动【イベント】端【を持ち】设置有【が設けられていること】固定【に固定すること】筒【筒】，固定【に固定して】棒卡【ロッドカード】设在【に置き】2个【個の】固定【固定した】筒【筒】之间【の間】，所述【前記】螺旋环【スパイラルリング】采用【を用いて】铝合金【アルミニウム合金】材料【材料】制成【作成する】。	本发明＝本発明／涉及＝関する／油管＝オイルパイプ／堵塞＝目詰り／端部＝端部／设置＝設定する／过滤网＝濾過網／连接＝連結／径向＝径方向／若干＝複数の／弹簧＝バネ／对称＝対称に／配合＝（文脈に合わせて「嵌合する」、「連携する」、「配置する」を選択）／所述＝前記／合金＝合金	本発明は石油パイプの閉塞を回避する濾過装置改良構造に関し，螺旋リングを含み，螺旋リングは端部A、端部Bを含み，端部Bが端部Aの内側に平行で設置され，螺旋リングの外側にストレーナが設けられ，ストレーナで端部A、端部Bの接続部に螺旋リングの径方向と垂直に設置されたネット隙間があり，ネット隙間における2個の側壁の間で複数の弾性ストリップが設置され，螺旋リングの内側に少なくとも1対相互に係合するバネがヒンジ連結され，2個のバネは螺旋リングを中心として対称に設置され，バネの可動端に固定筒が設置され，固定ロッドは2個の固定筒の間に設けられ，前記螺旋リングはアルミ合金材料で製造される。	石油(1,3)、管道(1,3)、过滤装置(1,3)、结构(1)、过滤网(3)

图 3-5　MTI 学生参与的专利摘要翻译案例(已解密)

在线上运营阶段，翻译项目教学发挥了非常重要的作用。

专利翻译需要一定的专业背景知识及翻译技术能力，同时由于真实项目时间紧、任务重、试错成本高，有一些学生产生了焦虑心理。经过与专利翻译公司的探讨，一方面，对于文科院校学生普遍储备不足的技术及专业领域知识等，专利翻译公司安排了有同样外语专业背景的前辈译员进行经验分享，帮助学生了解如何通过信息技术拓宽专业知识的获取途径。另一方面，在质量检查方面，项目驱动式翻译教学增加了“学生互校”和“教师检查”两个环节，主要目的是帮助学生减少焦虑，促进学生成长，并减轻后续专业审校环节的压力。

通常在翻译完成后，CAT 工具的自动质量检查功能，会帮助识别拼写、语法、标点符号等错误，其格式和标签管理功能，也会帮助译员正确处理图纸、表格、公式和特殊标签等元素，因此“学生互校”和“教师检查”主要围绕文本内容展开。在互校部分，负责类似领域（如机械、中医药、电子通信等）文本翻译的学生两人一组，将自己的译文交由对方进行校对，并就有问题的地方进行标注及讨论，互相汲取在原稿理解和翻译过程中的策略性知识，整理译文并上交；检查工作则由教师承担，对学生译文进行审核把关，主要对学生在源语理解及目的语表达方面的问题给予指导。上述工作完成后，学生译员再次对译文进行审校、校对并将其提交给专利翻译公司的专业译员，由对方进行终审，最终定稿。最终定稿向学生译员开放，学生可以对比学习不同阶段的译文，在实践中提升翻译能力。

三、知识内化

在“线下孵化＋线上运营”双阶段的专利翻译项目运行模式下，学生深刻认识到自己在翻译方面的不足之处，并通过参与真实项目取得了明显进步。

在之后的“反思与总结”阶段，几乎所有参与项目的学生都表示自己对专利翻译的重要性、对机器翻译的长处和局限性、对“社会人”这一身份认同有了更多的认识。有些学生表示，参与项目使自己的“拖延症”有大幅改善，对碎片化时间的利用能力和对个人情绪的管控能力明显提升；有些学生在努力理解查证专业知识的过程中，深切体会到外语专业学生在理工科知识及计算机辅助翻译能力上的欠缺，而随着翻译实践的深入，他们感到自己的“搜商”和数字素养也有大幅提高。更多的学生表示，他们意识到了自己母语能力的不足。在中译日的翻译实践中，当机器翻译已经达到一定水准时，母语能力才决定了翻译水平的“天花板”，提升母语能力也是学生未来努力的方向。

在这一时期，日语学院教师还积极引导学生，以 3—4 人为一组，对比初译稿及终审译稿并展开思考讨论，促使学生“知其然并知其所以然”，并结合翻译理论完成知识内化，获得 1+1>2 的学习效果。在取得专利翻译公司同意后，不少参与项目的学生以自己参与的、已解密公开的专利文本为素材，依托上述“问题发现”和“策略求解”的思路，撰写了专利翻译案例分析报告(见图 3-6)。

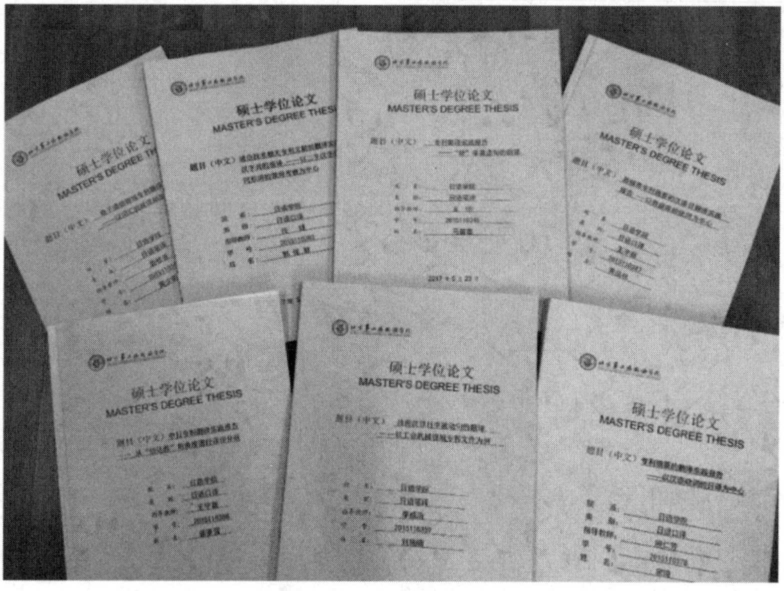

图 3-6　MTI 同学撰写的部分专利翻译案例分析报告

2016 年，相关论文共 5 篇，题目分别是：《中日专利翻译实践》《关于机械类专利文献中被动句的翻译》《科技类专业文本的翻译策略探究——以中译日专利摘要翻译实践为例》《中医药专利翻译实践报告》《科技日语的翻译方法研究——以专利中译日翻译实践为例》。

2017 年，相关论文增加到了 8 篇。和之前相比，专利翻译案例分析报告的主题领域更加细化，包括工业机械、电子通信、器械类，此外基本都有副标题，更加偏向分析与解决具体问题。题目分别是：《专利摘要的翻译实践报告——以汉语动词的日译为中心》《浅析汉译日中被动句的翻译——以工业机械领域专利文件为例》《电子通信领域专利翻译实践报告——以词汇的减译和加译为中心》《中日专利翻译实践报告——从“信达雅”的角度进行误译分析》《器械类专利摘要的汉译日翻译实践报告——以数据库的使用为中心》《通信技术相关专利文献的翻译实践：二字汉字词的误译——以二字汉字词和中日同形词的混同考察为中心 》《专利翻译实践报告——“使”字兼语句的翻译》《专利翻译实践报告——以机械技术用语的翻译为例》等。

对于其中的优秀案例，将在下文进行分享。

第三节　校企合作专利翻译项目的课题与对策

近年来,中国在科技创新方面取得了显著进展,专利申请数量持续大幅增加,各领域也在不断提升将专利转化为实际生产力的能力。放眼世界,在当前经济全球化的背景下,专利信息交流的需求日益强烈,知识产权的重要性日益凸显。作为一个新兴领域,专利翻译在这一过程中发挥了关键的桥梁和沟通渠道的作用,也推动了中国专利的国际化进程。

然而,优秀的专利翻译人才无论从数量还是质量上,都还远远没有跟上时代的需求。专业的专利译员除了需要具备翻译从业人员必备的高水平双语能力和跨文化交流能力,至少还需要具备"了解行业专业知识及专利法律知识""熟悉专利翻译规则""善用工具和技巧"三种技能,而这些需要较广泛的背景知识、较高的双语使用能力以及持续的学习和适应能力。

为了加强知识产权人才培养和提升国家知识产权综合实力,2017 年,我国政府制定了知识产权人才"十三五"规划,明确提出了要致力打造一支高水平知识产权人才队伍,以支撑国家创新驱动发展战略和知识产权强国建设目标。2022 年 1 月,国家知识产权局公布的知识产权人才"十四五"规划更是明确指出,要培养高水平复合型人才,探索高校、企业和知识产权服务机构共同参与的知识产权人才产学研培养模式。

北二外日语学院进行的项目驱动式专利翻译教学,正是将"产""学""研"紧密结合的一次有益尝试。

首先,从产业角度来看,专利翻译企业的优势在于它充分了解专利翻译的现代化生产流程及"MT＋PE"的工作模式、CAT 辅助翻译工具、专利行业的翻译质量判断标准等。但是，由于翻译任务繁重以及专利翻译人才的缺乏，企业迫切需要通过与高校进行合作，快速分担企业生产任务，提高专利申请和管理的效率。更重要的是，企业可以提前培养并锁定优秀的专利翻译人才，为增强国际市场竞争力做好人才储备。

其次，从学生角度来看，参与真实翻译项目，能够接触到不同专业领域、不同稿件类型的日汉汉日专利翻译任务，不断积累行业主题知识和惯用双语表达，未来也能够获得更多的职业发展机会；从教师角度来看，行业资深译员参与联合授课，可以从行业规范角度指导学生、提升译文质量，教学效果也能大幅提升。

最后，针对这种专利翻译人才培养模式可以开展跨学科研究，推动学科发展。一方面，高校具有扎实的翻译理论基础和研究方法，并且不以效益为目标，可以投入较多时间、人力、精力成本，基于真实专利翻译任务中的语料开展相关研究，推动翻译学科的创新和进步。另一方面，专利翻译往往会应用计算机辅助翻译和机器翻译等技术，专利翻译项目教学中对其开展的研究与应用，也可以为技术的改进创新提供新的思路和方法。同时，高校与国际知识产权机构和企业开展合作，可以提升学术研究的国际化水平。

北京第二外国语学院日语学院持续优化合作模式，校企合作专利翻译项目将继续成为未来的课题，双方今后也将加大力度进行共同研究，例如联合开展相关课程群构建、共同编写教材/专著、构建多语种专利文献语料库，进行跨文化比较研究等。校企双方形成合力，扬长避短，跨界共赢。

第四节　基于专利翻译项目的优秀翻译案例分析报告分享

本部分选取参与2016年专利翻译实践的同学所撰写的翻译案例分析报告进行分享①。

日文题目:器械類特許要約の中文和訳の実践レポート

——データベースの利用を中心に

中文题目:器械类专利摘要的汉译日翻译实践报告

——以数据库的使用为中心

论文作者:黄品秋

一、绪论

近年来,伴随着现代科技进步和知识产权保护意识的增强,专利申请数量迅速增多。各企业为了在国际上保护发明的知识产权,不仅需要在本国国内提交申请,还要将记载发明详细内容的专利申请书翻译成外语,提交给国外专利部门。中日两国作为重要的经济体和技术创新中心,在各个领域都有着频繁的交流。在此背景下,中日专利翻译的需求也在日益增长。

目前,通过计算机辅助翻译(CAT)技术,基于数据库进行专利文本翻译的方式正逐渐成为主流。它不仅有助于提高专利翻译用语的规范性,也为译者节省了时间和精力,是一种高效的翻译手段。

① 可在北二外学位论文库中检索到本翻译案例分析报告的日文版。为了方便阅读,本书收录的内容已被译为中文。此外,由于篇幅所限,笔者去掉了报告的附录、脚注、参考文献等信息,对例句等内容进行了适度删减。

本翻译实践报告主要基于笔者的专利翻译实践,结合对专利文本特征的总结,从词汇和句子两个方面,通过实例分析如何有效利用数据库进行器械类专利文献摘要的翻译,并探讨相关数据库的开发现状。

二、翻译实践概况

(一)翻译任务介绍

2016 年初,笔者在一家专利翻译公司进行了为期一个月的专利文献翻译工作,翻译方向为汉译日。此次翻译实践涉及文字总计约 1.5 万字,90%以上为器械类专利的摘要,主要涉及相机、冷却设备和除尘设备领域,内容包括专利主题、所属领域、设备结构和组成部分,以及解决方案、具体实施方案和预期效果等。

专利摘要是对发明的概要描述,简要说明发明的主要内容,能够帮助读者快速把握发明的整体情况。作为专利文献,专利摘要具有双重属性,其首先是科技文本,但也具有法律文本的特征。

(二)翻译过程

为了顺利完成本次翻译任务,笔者在正式开始翻译前、翻译过程中和翻译后,分别采取了以下步骤。

在“译前准备”阶段,笔者首先详细阅读了从翻译公司获得的参考资料及客户要求,并在相关培训中使用往期素材进行了数次翻译实践,培训通过后才正式开始翻译工作。在翻译过程中,笔者主要使用 CAT 软件 memoQ 进行机器翻译,然后进行译后编辑。翻译过程中,如遇到问题,笔者会随时请教翻译公司的专业译员。对于器械领域的术语及专利相关的固定表达,笔者主要通过公司自建数据库、词典或网络等途径进行查阅和确认。在“译后审校”阶段,笔者需要再次确认翻译内容的准确性,并检查译文格式和标点符号是否符合专利翻译的要求。此外,涉及特殊符号及英语时,笔者还需要确认其是否与原文一致。

笔者翻译专利术语时使用的网络词典包括：

http://www.ctrans.org/index.php 北辞郎

http://cijc.weblio.jp/日中辞書・中日辞書

http://www.ne.jp/asahi/nishida/takami/terms/teiketsu.html 特許明細書 技術用語集

http://www1.odn.ne.jp/xenom/sonota./Tokkyokikai.html 特許用語＜機械＞

（三）关于数据库

目前，专利翻译几乎都是在计算机的辅助下完成的，相关数据库也会被用作重要参考。不过，这些数据库的内容往往不是行业通用的，而专属于各翻译公司。笔者在此次翻译实践中所使用的数据库也属于该专利翻译公司，由专利领域的翻译专家建立，也有许多术语的具体译词来自客户。笔者实际使用后发现，该数据库的完成度非常高，储备了丰富的专业术语及相关表达，在专利翻译方面发挥着极大的辅助作用。

鉴于该数据库的高效性和实用性，本翻译实践报告在获得该专利翻译公司许可的前提下，将通过具体案例对数据库的现状和使用方法进行考察，以期为今后的专利翻译提供一定参考。

三、专利摘要的文本特点

赖斯(1971)指出，应“根据不同类型的文本选择不同的翻译方法”。专利文本属于信息型(informative)文本，在对其进行翻译时最重要的是将信息准确传达给读者。在本次翻译实践中，笔者通过分析公司对译者的要求以及终审译文，认为专利文本主要有以下三点文体特征。

（一）严密性

专利文献既属于信息型文本，又与法律相关，其根本目的是准确缜密地表述发明的原理及特征、专利的法律范围以及能够获得的权利。同时，专利文本相较于普通文本措辞更为严谨，包含大量复杂的专业用语和术语。因此，专利文本的翻译也需要具备严密性，不仅是内容，其分段、标点符号等外观形式也必须与原文保持一致，这导致专利文本的译文在某种程度上显得相对生硬。

(二)客观性

专利文本需要客观阐述发明的原理和效用，尊重事实，因此基本上没有主观色彩。在大多数情况下，日语的专利文本多使用被动句，以突出其客观性。翻译时译者通常不需要发挥主观创造性，只需要尽可能忠实地进行翻译。

(三)一致性

专业术语特别是名词类术语，即使在专利文本中多次出现，但若表示相同的意思，原则上必须使用统一的译词。此外，在选择最佳译词后，应在全文中统一使用该译词。表达方式也必须保持前后一致。当原文中出现专利文本特有的固定表达和词汇时，译文中也需要使用这些固定表达和词汇。

四、案例分析

(一)专业词汇的翻译

器械类专利文本中包含大量与器械、物理相关的专业术语。一般而言，各领域的专业术语大多已被收录在数据库中，因此译者通常更倾向于使用数据库进行查阅，而非词典和网络。不过这并不意味着可以不加分析地直接使用数据库中的译词，而需要根据实际情况进行分析选择。

在本次专利翻译实践中，笔者主要参考了专利翻译公司提供的数据库。该数据库已经收录了绝大部分专业术语的对应译词，在很大程度上减轻了译者查阅专业术语的工作负担。在本次实践中，笔者共计翻译了约50篇专利文本，以下从中随机选出 20 篇进行统计和分析。

表 1　専門用語がデータベースにあるか否かについての統計

特許番号	専門用語総数	データベースに対訳語があるもの			割合	データベースに対訳語がないもの	割合
		対訳語が一つしかないもの	対訳語が二つ以上あるもの	合計			
1	19	10	3	13	68.4%	6	31.6%
2	16	6	3	9	56.3%	7	43.7%
3	22	10	2	12	54.5%	10	45.5%
4	17	11	4	15	88.2%	2	11.8%
5	14	9	2	11	78.6%	3	21.4%
6	16	10	4	14	87.5%	2	12.5%
7	11	6	1	7	63.6%	4	36.4%
8	17	3	3	6	35.3%	11	64.7%
9	8	2	0	2	25%	6	75%
10	14	7	2	9	64.3%	5	35.7%
11	20	12	4	16	80%	4	20%
12	7	4	0	4	57.1%	3	42.9%
13	19	11	4	15	78.9%	4	21.1%
14	18	9	3	12	66.7%	6	33.3%
15	21	13	5	18	85.7%	3	14.3%
16	19	14	3	17	89.5%	2	10.5%
17	10	3	4	7	70%	3	30%
18	13	7	4	11	84.6%	2	15.4%
19	15	6	5	11	73.3%	4	26.7%
20	23	8	6	14	60.9%	9	39.1%
総計	319	161	62	223	**69.9%**	96	**30.1%**

从表 1 可以看出，就专业术语而言，数据库中已有对应译词的术语约占七成(69.9%)，没有对应译词的术语约占三成(30.1%)。这表明数据库中已收录了大量专业术语。但是，即使数据库中存在对应译词，也不能不加选择地对其直接使用。在数据库中，有些专业术语有两个以上的对应译词，有些专业术语虽然仅对应一个译词，但仍需要译员根据上下文确认源语和目的语的含义后，才能确定最终的译词。

本报告将根据数据库中对应译词的数量，分“仅有一个对应译词”“有多个对应译词”“无对应译词”三种情况探讨专利文本中数据库的使用方法。

1.数据库中仅有一个对应译词时

在专利文本翻译中，当专业术语在数据库中有对应译词时，会出现“仅有一个对应译词”和“有多个对应译词”两种情况。接下来，仍以前述随机选择的20篇专利文本为例进行统计（见表2），并分别进行考察。

表2　データベースに対訳語がある専門用語の統計

特許番号	専門用語総数	データベースに対訳語があるもの	対訳語が一つしかないもの	割合	対訳語が二つ以上あるもの	割合
1	19	13	10	76.9%	3	23.1%
2	16	9	6	66.7%	3	33.3%
3	22	12	10	83.3%	2	16.7%
4	17	15	11	73.3%	4	26.7%
5	14	11	9	81.8%	2	18.2%
6	16	14	10	71.4%	4	28.6%
7	11	7	6	85.7%	1	14.3%
8	17	6	3	50%	3	50%
9	8	2	2	100%	0	0%
10	14	9	7	77.8%	2	22.2%
11	20	16	12	75%	4	25%
12	7	4	4	100%	0	0%
13	19	15	11	73.3%	4	26.7%
14	18	12	9	75%	3	25%
15	21	18	13	72.2%	5	27.8%
16	19	17	14	82.4%	3	17.6%
17	10	7	3	42.9%	4	57.1%
18	13	11	7	63.6%	4	36.4%
19	15	11	6	54.5%	5	45.5%
20	23	14	8	57.1%	6	42.9%
総計	319	223	161	**73.1%**	62	**26.9%**

首先来看专业术语在数据库中仅有一个对应译词时应如何翻译。

例(1)

原文：通过冷媒的汽化和液化来实现热能的传递和转移……

訳文：冷媒の気化と液化によって熱エネルギの伝達と転移を実現し……

例(2)

原文：所述料斗内设有腔体，其上侧设有进料口，其下侧设有出料口……

訳文：前記ホッパーの内部にキャビティが設けられ，その上側に材料供給口が設けられ，その下側に材料排出口が設けられ……

笔者使用的数据库经过该专利翻译公司专家的多年构建，收录了大量专业术语的原词及对应译词。其中，大多数专业术语，如例(1)和例(2)所示，仅有一个对应译词，此类术语所占比例为73.1%（见表2）。这些专业术语又可被细分为两种。一种是中日文完全相同的同形同义词,如“冷媒”(日语译为「冷媒」)。这一类专业术语的中文大多是从日语引入的“外来词”。另一种则是“热能”“进料口”“出料口”这一类词语,属于在中日两国专业领域中已有固定使用方式的用语。无论是上述哪种情况,尽管它们在数据库中只有一个对应译词,译员仍需要确认源语与译词在含义上是否有微妙的差别或变化(如词义扩大或缩小等),以确保翻译的准确性。

2.数据库中有多个对应译词时

从表2可以看出,以这20篇专利文本为例,数据库中“有多个对应译词”的专业术语占比为26.9%。虽然此类术语的绝对占比不算很高,但在这种情况下,译员需要做出准确判断,选择最佳译词。

例(3)

原文:所述的绞龙包括转轴和设置在转轴上的叶片……

訳文:前記スクリュコンベヤは回転軸と回転軸に設置されたブレードを含み、……

例(4)

原文:底盘的底部通过多个滚轮相连……

訳文:シャーシの底部は複数のロールの連結により……

例(3)中,中文“叶片”在数据库中有两个对应译词:「葉」和「ブレード」。该文本属于器械、物理领域,从上下文可知,这里的“叶片”指的是“风机、叶轮等机械上的部件”,因此应选择「ブレード」为译词;而「葉」则应出现在生物学或医药领域的专利文本中。例(4)中的“滚轮”也是如此,“滚轮”可以指“一种封罐机械设备上的机械部件”或“固定轮胎内缘、支持轮胎并与轮胎共同承受负荷的刚性轮”,因此其在数据库中有「ロール」和「ホイール」两个译词。该例中文原文涉及器械设备,联系上下文可发现原文与车辆无关,因此应选择使用「ロール」。

从上述例子可以看出，当存在多个对应译词时，专业术语在源语中可能出现在多个领域中，译员需要结合专利所属领域来判断应选择哪个译词。

不过，即使是同一领域的专利文本，有时也需要根据上下文选择不同的译词。

例（5）

原文：本实用新型的密封舱制冷装置，结构简单，使用方便……

訳文：本実用新案の密封キャビン保冷装置は，構造が簡単であり，使用しやすく……

例（6）

原文：所述制冷设备与冻库之间设有盐水储液罐组……

訳文：前記冷却装置と冷凍庫の間に塩水貯液タンクセットが設けられ……

例（7）、例（8）（略）

例(5)和(6)均属于器械装置领域的文本，中文都使用了“制冷”一词，但它们的译词分别为「保冷」和「冷却」。这是因为两个例子的中文原文存在微妙的差别，需要仔细判断。由上下文可知，例(5)表示“该装置能够在一定时间内保持低温状态”；而例(6)意为“冷却热源”，强调瞬间冷却效果。因此，例(5)使用了「保冷」，例(6)则使用了「冷却」。

这两个例子表明，即使是同一领域的相同术语，在不同语境中也有细微差别。译员需要充分理解词语的意思，尤其在遇到动词、形容词时，要在仔细分析前后文的基础上选择合适译词。

不过，有些专业术语虽然对应多个译词，但这些译词意思和用法相同，互为同义词。在这种情况下,译者可以适当选择其中之一作为译词。

例(9)

原文:且其管道上设有风机……

訳文:且つその配管に空気ファンが設置され……

例(10)

原文:道具门打开和关闭,能够触发触点开关向控制器输出不同的控制信号……

訳文:道具ドアの開閉は,接点スイッチを押して制御器に異なる制御信号を出力することができ……

例(9)中的"风机"一词,在数据库中对应「空気ファン」「空気ブロワー」「エアブロワー」等多个译词。这些译词的意思相同,原则上均可被使用。笔者在Yahoo上进一步搜索后发现,「空気ファン」的使用频率高于其他译词,因此选择了「空気ファン」。例(10)中的"控制器"也是如此,其在数据库中有两个对应译词,「制御器」和「コントローラ」,虽然两个词均适用,但考虑到专利文本的简洁性,笔者最终采用了「制御器」。

数据库中存在"两个及以上的译词"时,需要注意前面提到的"统一性"。也就是说,在选出最合适的译词后,如果这个术语在该专利文本中始终指代同一含义,则对应的译词也必须全文统一,而不能再使用数据库中的其他同义词。

以上例(3)—例(10)主要针对数据库中"含有两个及以上对应译词"的情况,介绍了如何选择译词,即在翻译专利文本时:(1)有些专业术语(尤其是名词)在中文原文中本来就有多个含义,因此其在日语中也会有多个对应译词。选择译词时,译者需要从数据库中选择与源语意思相符的译词。这种情况相对而言较易处理。(2)有些专业术语(尤其是动词和形容词)虽然表面上只有一个意思，但在不同语境中有不同用法，这时需要译者在充分理解原文的基础上慎重选择译词。(3)数据库中虽然存在多个译词，但都属于同义词，这时译者可以适当发挥主体性，选择合适的译词。

3.数据库中没有对应译词时

从前述表1可以看出，在本次报告随机选择的20篇专利摘要文本中，有约30％的专业术语在数据库中没有对应译词。这种情况下，译者需要通过查阅网络、词典、专业书籍等途径确定译词。

笔者在专利翻译公司进行翻译实践时发现，数据库中没有对应译词的专业术语并不多。这类术语多为平时较少被使用的词语，或是因专利文本的特殊性而被发明者"创造"的词语。尽管这类术语数量不多，却是翻译中最需要译者用心琢磨的部分。

例（11）

原文：矿车包括有车头、车架、车轮、车斗……

訳文：トラック本体はキャブ、フレーム、タイヤ、ホッパー……を含む……

例(12)(略)

在翻译例(11)时，笔者发现数据库里有"车轮"的对应译词，但没有"车头""车架""车斗"的对应译词。这时可以利用日语网站或网络词典，首先阅读上下文，了解该专利发明相关的矿车构造的知识，然后通过Yahoo等网站检索「鉱山トラック」，找到带图片的资料，对比图片信息，可以找到各部分对应的日语译词。此外，灵活运用英日、日英词典也很重要。对于一些较为生僻的词语，可以采用接力翻译的方法，先查中英词典，再将英语译词输入英日词典，基本就可以找到对应的日语译词。一旦确定了译词，应及时将其补充进语料库，确保数据库的及时更新和不断完善。

例（13）

原文：多通道介质传送平板

訳文：マルチチャンネル媒体搬送フラット

例(14)（略）

长复合名词的翻译有其特殊性。数据库可能没有收录整个长复合名词，但收录了构成该词的部分名词。例(13)中的“通道”“介质”“传送”“平板”分别在数据库中对应「チャンネル」「媒体」「搬送」「プラット」，将这些单词组合起来就可以构成新译词。这时译者应注意是否需要增加助词「の」及其位置。换言之，译者不能按照原文顺序对已有译词进行简单叠加，而要准确把握各词之间的相互关系。

4.本节小结

本节主要围绕专利文本中的词语，特别是专业术语的翻译策略，总结了数据库的使用方法。首先，许多专业术语在数据库中已有对应译词。如果只有一个对应译词，译者需要在确认源语和译词的含义和用法后再使用之。如果一个专业术语有多个对应译词，译者则要认真分析原文词义、对应领域及上下文，选择最适当的译词。其次，许多专业术语在数据库中没有对应译词，译者应利用词典、网络以及日语专业网站，或通过接力翻译、以英语等语言为媒介找到译词。在翻译长复合名词时，译者需要理解各词之间的关系，合理补充助词。

(二)句子的翻译

数据库不仅收录了专业术语的对应译词，还包含了常用句型的对应译文。笔者在翻译本次专利摘要文本时发现，几乎可以在数据库中找到所有句型的参考译文。本节将基于“翻译单位”对本次翻译实践的语料进行划分，考察数据库中的对译情况。

翻译单位（unit of translation）是指在翻译过程中被整体处理的最小语言片段，这个片段可以是一个单词、短语、句子，甚至更长的语段，其在源语言和目标语言之间有直接的对应关系。翻译单位的判定，取决于具体的语言、上下文和翻译任务的性质。在本次专利翻译实践中，由于笔者获取的摘要文本是经 memoQ 软件工具根据逗号（，）和句号（。）等标点符号切分过的，因此这里将以句子为翻译单位进行分析（见表 3）。

表3　今回の翻訳実践における翻訳単位

翻訳単位	内容
1	本实用新型公开了一种影像拍摄装置，
2	包括支架、设于支架上的模型及摄像机构，
3	所述支架上设有支撑件，
4	所述模型可随着支撑件在水平面上转动。
5	本实用新型结构简单，
6	用于服装的拍摄时，
7	能保证摄像机构和服装的相对位置固定，
8	便于转动模型对服装进行多角度的拍摄，
9	同时便于控制模型转动的角度，
10	大大降低了人工成本。

表 3 的内容来自一篇独立的专利摘要文本。可以看到，中文原文中共有 8 处逗号，2 处句号，因此以句子为单位，此文本共有 10 个翻译单位，包括"本实用新型公开了一种……""包括 A、B 及 C""所述 A 上设有 B"等典型句型。

以下参照表 3，将前述随机选出的 20 篇专利摘要以句子为最小翻译单位，统计能否在数据库中找到这些翻译单位的对应译文（见表 4），其内容主要涵盖发明主题、所属领域、器械构造、解决方法、预期效果等方面。

表4　データベースに訳文のある常用文型・表現の割合

特許番号	文や文型の総数	データベース訳文がある文や文型の総数	割合	データベース訳文がない文や文型の総数	割合
1	11	11	100%	0	0%
2	10	9	90%	1	10%
3	13	13	100%	0	0%
4	8	8	100%	0	0%
5	13	13	100%	0	0%
6	7	7	100%	0	0%
7	8	8	100%	0	0%
8	9	9	100%	0	0%
9	14	14	100%	0	0%
10	8	8	100%	0	0%
11	6	6	100%	0	0%
12	10	10	100%	0	0%
13	15	15	100%	0	0%
14	11	11	100%	0	0%
15	16	16	100%	0	0%
16	6	6	100%	0	0%
17	13	13	100%	0	0%
18	9	9	100%	0	0%
19	9	9	100%	0	0%
20	10	10	100%	0	0%
総計	206	205	**99.5%**	1	**0.5%**

从表4可以看出，虽然摘要文本有长有短，即其翻译单位的具体数量有差异，但数据库几乎可以为所有(99%以上)句型匹配到对应译文，而且其译文具有唯一性。这就大大提高了专利翻译的效率。

例(15)

原文：本实用新型涉及一种防氧化快速冷却实验物料的装置，属于冶金设备技术领域。

訳文：本実用新案は酸化防止の実験材料急冷装置に関し，冶金設備の技術分野に属する。

例(16)

原文：本发明的有益效果是：便于使用……

訳文：本発明の有益な効果は以下のとおりである：使用しやすい……

例(17)(18)(19)(20)略

例(15)至例(20)的下划线部分均为器械类专利摘要的常用句型。尽管这些句子的具体含义因专利内容不同而有一定区别，但句型构造大致相同。

据翻译公司的专业译员介绍,该数据库建成后,相关技术人员的首要任务就是为其补充具有固定结构的译文,这些译文主要涉及专利主题、优点,发明物的结构、设计,技术解决手段等,其中很大一部分译文/译词是由客户提供的。笔者以前述20篇专利摘要文本为例,归纳了常用句型的原文、译文及出现频率(见表5)。

表5　特許文にある出現頻度の高い常用文型・表現

ランキング	原文	データベースにある訳文	20件の要約に現れた回数
1	……设有/安装有……	……に……が設けられ/取り付けられ……	44
2	……包括……	……が……を含み……	25
3	(通过)……与……连接	……は……(によって)……と連結する/に接続する	17
4	本发明/本实用新型公开了一种……装置/设备	本発明/本実用新案は……装置/設備を開示する	9
5	……设于/安装于/设置在……	……が……に設けられ/取り付けられ……	7
6	本发明/本实用新型提供了一种……装置/方法	本発明/本実用新案は……装置/方法を提供する	6
7	本发明/本实用新型结构简单	本発明/本実用新案は構造が簡単である	6
8	从而(实现)……	……によって……(を実現させる)	6
9	用于……	……に用いられる	5
10	本发明涉及/尤其涉及/具体涉及/属于……技术领域	本発明/本実用新案は(特に/具体的に)……の技術分野に関する/属する	5

从表5可以看出,本次翻译实践中笔者使用的数据库在句型和表达方面的完成度非常高。这可以帮助译员更合理地分配精力,减少重复性工作,将翻译重点更多集中在高层次的内容上,例如对专业知识的把握、复杂句子结构的调整、文化适应性的处理等,确保专利译文的准确性,提高专利翻译的效率和质量。

五、结语

如前所述,随着专利申请数量的增加以及翻译技术的迅猛发展,很多专利翻译工作都在计算机辅助翻译工具的帮助下,依赖企业自建数据库高效高质地进行着。专利摘要文本的格式相对固定,因此即使是学生译员也能够在接受一段时间的培训后,较好地完成相应翻译任务。笔者在本次专利翻译实践中对数据库的使用产生了浓厚兴趣，通过翻译实例对数据库的现状及使用方法进行了考察，并总结出如下几个要点：

(1)目前，专利摘要相关的数据库已被开发和建设得非常完善，特别是在常用句型和表达方面质量很高，能够极大地提升翻译效率和翻译质量。(2)在翻译专业术语时，如果数据库中仅有一个对应译词，通常可以直接使用之，但需要确认源语与译词在含义上是否有微妙的差别，如词义是否有扩大或缩小等，以保证专有名词翻译的准确性。(3)当数据库中存在多个对应译词时，需要结合原文分析词汇的所属领域、具体含义及语境，选择最合适的译词。如果多个译词互为同义词，可以选择其中一个使用，但需要遵守专利文本的一致性原则，确保全篇译文中前后用词一致。(4)当数据库中没有对应译词时，可以灵活使用其他辅助手段，如日语网站、专业检索工具，或通过英语等媒介语言查询译词。必要时，还应查阅专业书籍或请教相关专家。对于较长的复合名词，通常可以自行组合已有译词，但在某些情况下需要补充助词。译词一经确定，需要及时将其补充进语料库，进行数据库的更新和完善。(5)在常用句型和表达方面，由于目前数据库中的储备已经相当完善，可以直接参考或使用数据库提供的匹配句型。但是，要注意遵守专利翻译的特殊要求，如严禁随意修改标点等。

数据库研究在专利翻译研究中具有重要的意义。数据库不仅可以提高翻译质量和效率，确保术语和相关表述的严密性、客观性和一致性，对于制定翻译规范和标准、推动翻译技术发展也具有重要意义。未来，笔者希望能对此进行更为深入的研究。

第四章　翻译项目三:“译”路护航

——以应急联动机制下的翻译实践为例

第一节　翻译组专项活动介绍

2020年伊始,一场突如其来的公共卫生危机席卷全国。在这场重大突发事件的应对工作中,北京第二外国语学院日语学院迅速组建了一支由师生组成的翻译服务队伍。

2020年2月,在日语学院1985级校友、国家卫生健康委国家卫生应急体系建设指导专家顾林生的倡议与日语学院党委的组织下,一支特殊的日语翻译组诞生了。团队从最初的由数名学生党员带头,发展到由本科和研究生同学组成的55人团队。翻译组除了每天密切关注国内外最新发展动态,还通过实时翻译国际资讯,促进跨国经验交流等方式,为防控工作提供了有力的语言支持。

团队成员在翻译过程中相互交流翻译技巧,不仅加深了对于医学知识的理解，也切身感受到了社会参与、中日合作、社区管理、学校安全、弱势群体关怀、民众安抚、应急联动等的重要性，团队成员更深刻地理解了维护社会稳定、关注民生的价值（部分翻译任务见图 4-1）。

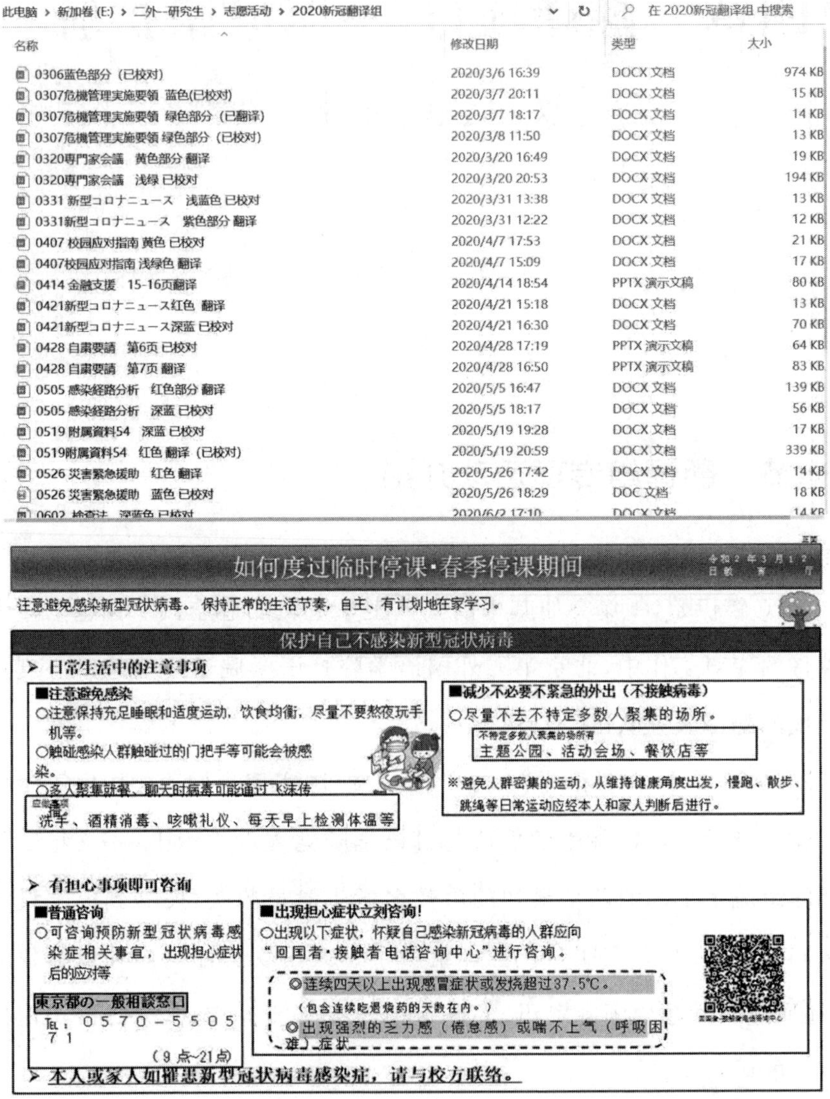

图 4-1 专项翻译组部分翻译任务

在历时五个月的翻译任务中,翻译团队共推送微信和简报 21 次,完成《新型流感等对策措施法》《令和元年版 消防白皮书概要》等数十份政策文本的翻译工作,共计 102 万字。

高效、高质量的翻译成果为国家、学术界提供了全面且客观的第一手材料。专项翻译组的部分翻译成果在“城乡规划与安全”公众号发布,并被社会稳定风险评估专业机构“风险评估与管理”“日本头条”公众号转载(见图 4-2);相关简报和微信公众号文章被陆续推送至国家卫生健康委员会、应急管理部等国家部委和全国地方、全国应急管理研究有关的高校和研究单位、学会以及中日团体,并被中央党校、应急管理部、中国残联、中国社工联合会等国家部门和学会,广州市应急管理局、北京市应急管理局、陕西省应急管理厅、成都市卫健委等地方政府部门,《中国应急管理报》等相关媒体采用。

图 4-2　部分翻译成果刊载截图

第二节 校企合作传播公共卫生应对方案

2020 年 2 月以来，一组组中日双语的公共卫生应对方案及指南手册（见图 4-3）被专门提供给日本医师会以及近 70 所日本知名大学及其附属医院，部分资料被刊载在日本医师会官方网站，为日本医疗界提供了有益帮助，获

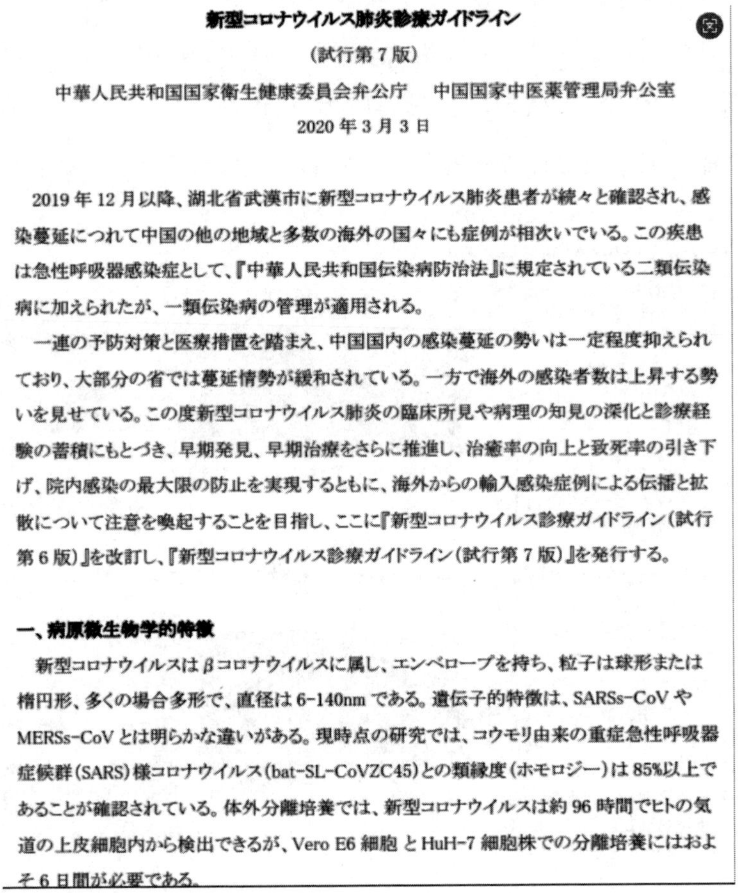

新型コロナウイルス肺炎診療ガイドライン

（試行第 7 版）

中華人民共和国国家衛生健康委員会弁公庁　中国国家中医薬管理局弁公室

2020 年 3 月 3 日

2019 年 12 月以降、湖北省武漢市に新型コロナウイルス肺炎患者が続々と確認され、感染蔓延につれて中国の他の地域と多数の海外の国々にも症例が相次いでいる。この疾患は急性呼吸器感染症として、『中華人民共和国伝染病防治法』に規定されている二類伝染病に加えられたが、一類伝染病の管理が適用される。

一連の予防対策と医療措置を踏まえ、中国国内の感染蔓延の勢いは一定程度抑えられており、大部分の省では蔓延情勢が緩和されている。一方で海外の感染者数は上昇する勢いを見せている。この度新型コロナウイルス肺炎の臨床所見や病理の知見の深化と診療経験の蓄積にもとづき、早期発見、早期治療をさらに推進し、治癒率の向上と致死率の引き下げ、院内感染の最大限の防止を実現するともに、海外からの輸入感染症例による伝播と拡散について注意を喚起することを目指し、ここに『新型コロナウイルス診療ガイドライン（試行第 6 版）』を改訂し、『新型コロナウイルス診療ガイドライン（試行第 7 版）』を発行する。

一、病原微生物学的特徴

新型コロナウイルスは β コロナウイルスに属し、エンベロープを持ち、粒子は球形または楕円形、多くの場合多形で、直径は 6-140nm である。遺伝子的特徴は、SARSs-CoV や MERSs-CoV とは明らかな違いがある。現時点の研究では、コウモリ由来の重症急性呼吸器症候群（SARS）様コロナウイルス（bat-SL-CoVZC45）との類縁度（ホモロジー）は 85%以上であることが確認されている。体外分離培養では、新型コロナウイルスは約 96 時間でヒトの気道の上皮細胞内から検出できるが、Vero E6 細胞 と HuH-7 細胞株での分離培養にはおよそ 6 日間が必要である。

图 4-3　公共卫生应对方案日语版

得了日本医疗界的高度评价。

策划组织这些方案及指南翻译工作的是北京第二外国语学院日语学院毕业生孟华川、杨明月,他们分别供职于中日友好医院与北京华益日盛健康科技有限责任公司。为了将中国的相关经验传授给日本,他们召集了北二外日语学院的校友,以及医学系的日本留学生等二十余人,组成了医学翻译志愿者小组,翻译组先后翻译了一系列诊疗方案和防治指南,从传播途径、诊断标准、鉴别诊断、中医治疗、确诊病例临床表现、境外输入性病例导致的传播和扩散、院内感染防控等方面,解读中国的实战经验。上述诊疗方案及防控指南的日文版先后被提供给东京大学、京都大学、顺天堂大学、庆应大学、神户大学、名古屋大学、虎之门医院、圣路加国际医院、癌研有明医院等近 70 所日本的大学和附属医院,以及日本医师会、日本呼吸协会、日本感染协会、日中医学协会等相关机构。

医学翻译志愿者小组翻译的这些专业的诊疗方案及指南,获得了日本医疗界的高度认可,被刊载在日本医师会的网站上,为日方在流行病学调查、治疗及管理等方面提供了规范性指导,受到了日方各医疗机构与医务人员的肯定与好评(见图 4-4)。同时,该活动得到了日本共同社、朝日新闻以及人民中国、CRI 等媒体的争相报道。

京都大学

2020 年 2 月 28 日

楊 明月 先生

この度は貴国の最新版の新型コロナウイルス肺炎診療方案（第六版）の日本語訳をお送りくださり、大変ありがとうございます。

ご存じのように日本でも新型コロナウイルス感染症は大きな問題となっておるところでございます。幸い京都では発症例はまだ少ないのですが、今後増加してくる可能性も高いと危惧しております。しかし、日本国内では患者さんの症状、検査、治療等に関する情報は十分とは申せませんので、貴重な資料をお送りいただきましたこと、心から感謝致しております。早速、京大病院の先生方とお送りいただいた資料を共有させていただきました。

大著ですので、日本語に訳していただくのは大変だったかと存じます。楊先生と一緒に日本語に訳していただきました、孟さんにも、私どもが御礼を申していたとお伝えいただけましたら幸甚に存じ上げます。

楊先生におかれましても何卒お身体をご自愛くださいますようお願い申し上げます。

ご多忙のところ、多大なご高配を賜り、本当にありがとうございます。今後ともどうかよろしくお願い申し上げます。

岩井 一宏

KYOTO UNIVERSITY

GRADUATE SCHOOL OF MEDICINE AND FACULTY OF MEDICINE

Yoshida Konoe-cho Sakyo-ku Kyoto 606-8501 JAPAN TEL: +81-75-753-4300 FAX: +81-75-753-4348

图 4-4 京都大学的感谢信

第三节　全球化背景下的语言服务模式探索

2020 年 5 月，习近平总书记在第 73 届世界卫生大会视频会议开幕式上的致辞中指出，"人类文明史也是一部同疾病和灾难的斗争史。病毒没有国界，疫病不分种族"。在全球化背景下，随着国际医学合作在深度和广度上的拓展，医疗领域的语言服务人才需求大幅增加，开展医学口笔译活动已经成为语言服务行业的新趋势。

穆雷等学者对全球排名前 100 的语言服务供应商进行的调研显示，世界范围内，对口译业务需求最大的领域是医疗行业，其业务涉及医疗口译服务的占 58.5%，涉及医疗笔译业务的占 30.2%。生命科学、医疗器械、药品和诊断报告等领域对医学翻译的需求量仅略次于需求量最大的 IT 领域(31.6%)。[①] 在这场全球公共卫生事件应对过程中，我们看到无论是业界还是普通民众都对生物科学、高科技领域给予了高度关注，大量医学和制药领域的翻译需求被激发，国际医疗合作与交流也得到前所未有的深化。人们越来越意识到培养医疗卫生领域翻译人才和应急语言服务人才的重要性，只有这样才能更好地应对全球卫生挑战，增强应急响应能力，促进全球医药卫生行业的合作和交流，推动全球医学教育及科研的共同进步，为共建人类卫生健康共同体打下坚实基础。

然而，目前国内仅有上海中医药大学、河南中医药大学、重庆医科大学、西安交通大学等为数极少的几所高校能够依托学校的医药师资背景与学科

---

① 穆雷，沈慧芝，邹兵.面向国际语言服务业的翻译人才能力特征研究：基于全球语言服务供应商 100 强的调研分析[J].上海翻译，2017(1)：10-11.

优势进行具体课程设置，致力于医学翻译人才培养。这无疑远远无法满足社会对医疗翻译人才的大量需求。

国内翻译教育体系在对医疗翻译人才的培养上有较大缺失，究其原因，在于专业师资的缺乏。国际医疗语言服务具有跨学科性的特点，这也对译员的能力提出了更加多元化的要求。郭聪、杨承淑指出，“医疗语言服务并非医疗知识与口笔译知识的简单叠加。在医疗情境中的语言服务提供者，需要掌握的是医疗话语体系、医疗知识与程序、国际医疗相关产业领域的知识，以及面对国际病患和各项业务的问题解决方案。医疗语言服务的各个面向都需要相应的知识架构……形成新的跨学科知识与程序”[①]。对这些知识的教学在普通的语言院校是很难实现的。

较为可行的方式是整合“外语＋医疗”的交叉领域师资，比如高校可以积极与医院联合，开设国际医疗语言服务相关课程，创新教学方法，拓展教学资源。北二外日语学院目前采取的形式包括：

（1）积极鼓励教师及翻译方向学生“走出去”，向已经开展国际医疗翻译课程的学校取经，打通学科壁垒。例如，近年来北二外日语学院教师积极赴台湾辅仁大学考察调研，学生则利用在日留学机会参与日本大阪大学的医疗翻译活动，并对机构负责人、一线译员等进行采访。通过这一系列举措，学院从多个层面考察各高校的医疗翻译人才培养机制，努力推动产教研融合，探索建立符合本校情况的、特色化的人才培养模式（见图 4-5、图 4-6）。

---

① 郭聪，杨承淑.国际医疗语言服务的需求分析与人才培养[J]. 外国语言与文化，2020(2)：84.

图 4-5　北二外日语学院教师赴台湾辅仁大学考察调研

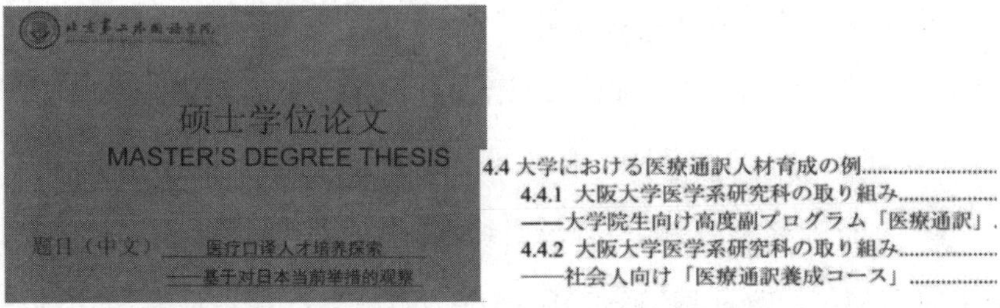

硕士学位论文
MASTER'S DEGREE THESIS

题目（中文）　医疗口译人才培养探索
——基于对日本当前举措的观察

图 4-6　北二外日语学院硕士论文中日本大阪大学“医疗口译”课程设置的相关内容

(2)通过“口笔译工作坊”等课程，邀请医院外事部门日本项目负责人以及在医疗健康领域有丰富口笔译经验的业界专家进课堂，通过系统的课程培训，学生可以了解中日医疗口译的发展沿革及现状，重点学习从事医疗口译人员应遵守的行为规范、职业伦理，专业术语的翻译技巧等(见图 4-7、图 4-8)。

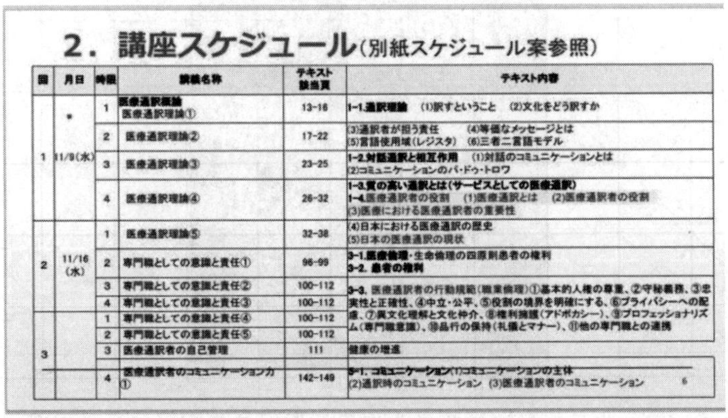

2．講座スケジュール(別紙スケジュール案参照)

回	月日	時限	講義名称	テキスト該当頁	テキスト内容
1	11/9(水)	1	医療通訳概論 医療通訳理論①	13-16	1-1.通訳理論　(1)訳すということ　(2)文化をどう訳すか
		2	医療通訳理論②	17-22	(3)通訳者が担う責任　(4)等価なメッセージとは (5)言語使用域(レジスタ)　(6)三者二言語モデル
		3	医療通訳理論③	23-25	1-2.対話通訳と相互作用　(1)対話のコミュニケーションとは (2)コミュニケーションのパ・ドゥ・トロワ
		4	医療通訳理論④	26-32	1-3.質の高い通訳とは(サービスとしての医療通訳) 1-4.医療通訳者の役割　(1)医療通訳とは　(2)医療通訳者の役割 (3)医療における医療通訳者の重要性
2	11/16(水)	1	医療通訳理論⑤	32-38	(4)日本における医療通訳の歴史 (5)日本の医療通訳の現状
		2	専門職としての意識と責任①	96-99	3-1.医療倫理・生命倫理の四原則患者の権利 3-2. 患者の権利
		3	専門職としての意識と責任②	100-112	3-3. 医療通訳者の行動規範(職業倫理)①基本的人権の尊重、②守秘義務、③忠実性と正確性、④中立・公平、⑤役割の境界を明確にする、⑥プライバシーへの配慮、⑦異文化理解と文化仲介、⑧権利擁護(アドボカシー)、⑨プロフェッショナリズム(専門職意識)、⑩品行の保持(礼儀とマナー)、⑪他の専門職との連携
		4	専門職としての意識と責任③	100-112	
3		1	専門職としての意識と責任④	100-112	
		2	専門職としての意識と責任⑤	100-112	
		3	医療通訳者の自己管理	111	健康の増進
		4	医療通訳者のコミュニケーション力①	142-149	5-1. コミュニケーション(1)コミュニケーションの主体 (2)通訳時のコミュニケーション　(3)医療通訳者のコミュニケーション

6

图 4-7　北二外日语学院 MTI“口笔译工作坊”“医疗口译”课程安排

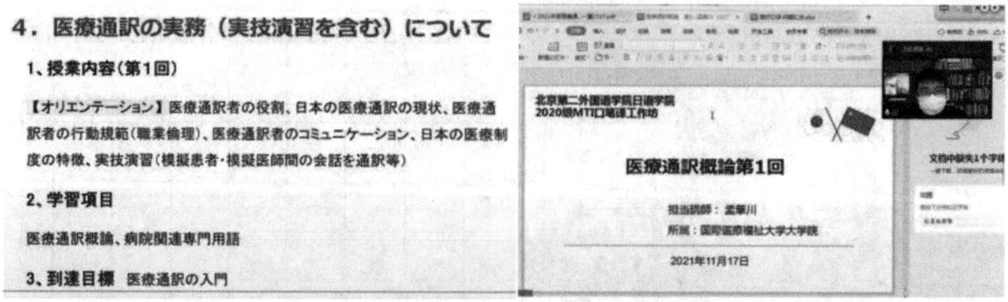

图 4-8　校外专家“医疗口译”课程授课场景

（3）积极建立校企合作实习实践基地，鼓励学生在学期间参与医疗口笔译相关的实习项目。目前，日语学院翻译方向学生在实习期间主要参与医学书籍的翻译活动（见图 4-9），或者担任医疗会议文稿的笔译工作（见图 4-10），同时在行业老师带领下，现场或线上观摩由专业译员进行的医疗口译活动，并进行模拟口译实践，通过复盘对比，明确自己在口译实践中的不足。通过上述口笔译实践，不少学生表示自己深刻感受到医疗口译中人与人的沟通、对患者的人文关怀的重要性，并以此为切入点撰写了硕士毕业论文（见图 4-11）。

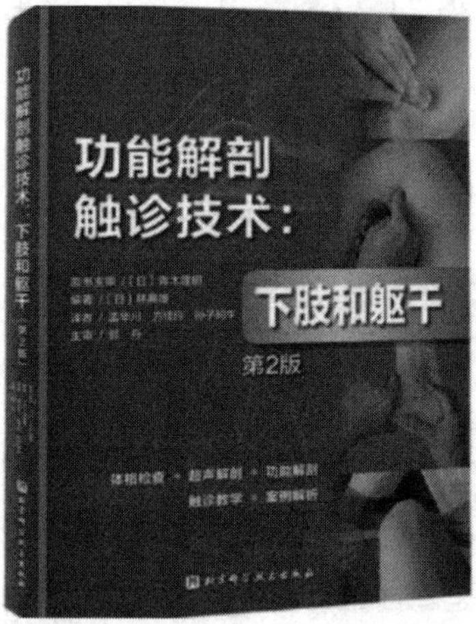

图 4-9　北二外日语学院学生在实习期间参与翻译的医疗书籍

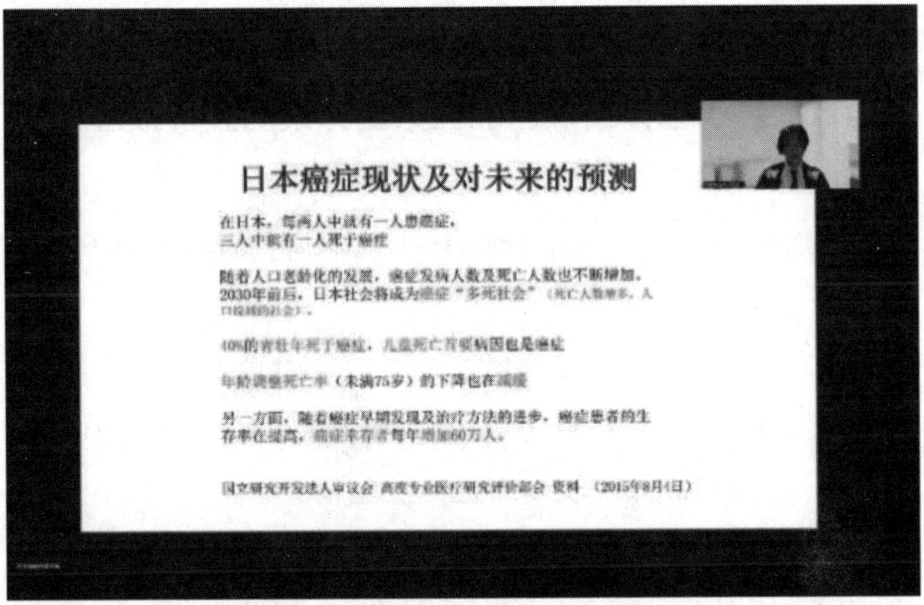

图 4-10　北二外日语学院学生实习期间参与的"中日大健康论坛"医疗会议笔译工作

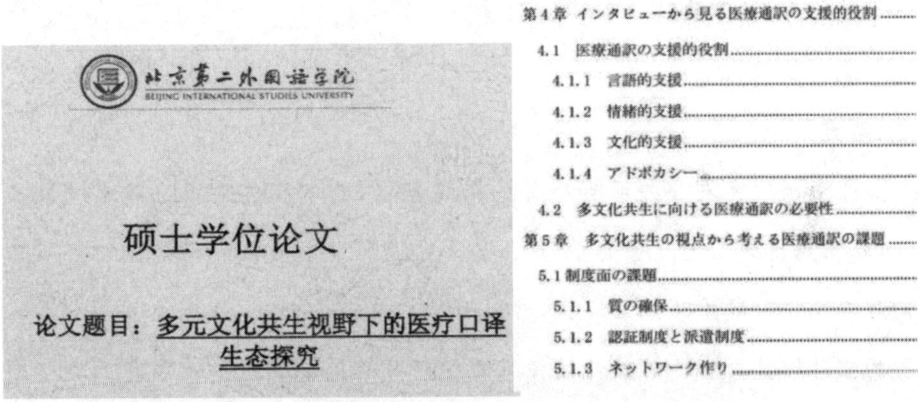

图 4-11　北二外日语学院硕士论文中医疗口译生态研究的相关内容

第四节 基于翻译组项目的优秀翻译案例分析报告分享

本部分将选取参与2020年专项翻译组项目的同学所撰写的翻译案例分析报告进行分享。[①]

日文题目:日本の新型コロナウイルス感染症対策に関する政府文書の翻訳実践レポート
——長文の翻訳テクニックを中心に

中文题目:日本新冠疫情防控相关政府文件翻译实践报告
——以长句翻译技巧为中心

论文作者:李雅琦

一、绪言

随着国际突发公共卫生事件的持续发展,日本相关情况也日益受到关注,越来越多的人通过微信公众号等及时了解日本的最新动态消息。日本的政府文件一般用语严谨规范,常使用结构复杂的长句,而涉及重大公共事务的文件因其内容的特殊性又多带有呼吁号召的意图。如何在把握上述特点的基础上,将其翻译成简洁易懂的中文,便于普通中国民众理解,是本次翻译实践的重点及难点,也意味着本次实践是一次必要而有意义的尝试。

① 可在知网及北二外学位论文库中检索到本翻译案例分析报告的日文版。为了方便阅读,本书收录的内容已被译为中文。此外,由于篇幅所限,笔者去掉了报告的附录、脚注、参考文献等信息,对例句等内容进行了适度删减。

目前,中国国内已有不少关于日语长句翻译的研究,主要涉及长句的定义、成因、分类和翻译技巧等,其中较为权威的是孔繁明的研究。孔繁明(1983)深入分析了日语长句中高度的嵌套性、复杂的结构和多层次的修饰关系,为日语长句的理解和翻译提供了系统的理论框架和实用方法。此后的研究多以此为基础,结合具体例子进行翻译策略分析。但总体说来,这些研究均未给日语的长句下较为明确的定义,并且多集中研究文学作品的翻译,笔者目前尚未见到和政府文件等信息类文本中长句日译汉相关的研究。

本翻译实践报告以笔者实际参与翻译的日本政府相关文件为语料,首先厘清了长句的划分依据,之后从上述翻译实践中选取"超过75个字符的长句"共54句作为研究对象,根据先行研究的分类,将其分为"从句间连接词较多的长句""从句间连接词较少的长句"和"含长定语句的长句"三类,对比分析笔者译文与专家修改后的译文,并探讨政府文件中长句的日汉翻译技巧。

二、翻译实践概况

(一)翻译实践内容及目的

本次翻译实践于2020年2月至5月进行,为期3个月,语对方向为日译汉,笔者负责的文本约1.2万字。对象文本为日本政府关于公共卫生事件应对策略的政策文件,属于信息型文本,其中包括大量典型的日语长句及相关专业术语。笔者翻译的内容经过多轮审校后已正式发布在"城乡规划与安全"微信公众号上,该公众号创办于2016年,内容主要聚焦于城乡安全、城乡规划、遗产保护等领域。2020年,公众号重点发布与日本相关的政治、经济、社会信息,为中国读者和日语学习者提供了解日本信息和增长知识的平台。

本翻译实践报告将主要从语序调整的角度出发,探讨长句翻译技巧,以期总结政府文件类文本长句翻译的宝贵经验。

(二)翻译过程

本报告将翻译实践过程分为“译前”“译中”“译后”三个阶段。本次翻译实践主要由学生团队进行,分为“翻译组”和“审校组”。在译前准备阶段,笔者所在的翻译组首先明确了翻译任务要求,通过阅读该公众号往期文章了解翻译风格,并制作了统一的术语表。在正式接到翻译任务后,翻译组先通读全文,理解原文内容,将有疑问的单词或句子标记出来;再查阅相关资料,在规定时间内完成了初译。

初译完成后,组内成员开始进行互校,主要检查:内容是否有漏译或误译;用词是否前后一致;中文逻辑是否成立;译文是否符合原文(政府文件)的文体与风格;标点符号使用是否准确,图文信息是否一致等。有时间的译员,还通过出声朗读译文,纠正了“翻译腔”。最后,翻译组统一调整了译文的字体及格式。

组内校对结束后,翻译组将译文提交给审校组进行二次审校,之后正式提交给公众号。同时,翻译组拿到经修订的最终稿,通过对比自己的译文和终审译文,发现问题,并在下一次翻译中加以改进。

三、政府文件及日语长句

本次翻译实践的对象文本为日本政府公布的相关文件,显著特点为其中有大量长句。在分析长句的汉译技巧之前,首先简单介绍政府文件的特点和日语长句的定义及分类。

(一)政府文件的特点

政府文件一般具有以下三个特点。

1.内容简洁

与文学作品不同,政府文件内容准确客观,表述简洁易懂,较少使用比喻等修辞手法。

2.逻辑严谨，用语规范

作为政府发布的官方文件，其用语严谨规范，不使用含糊的表达方式，多为客观阐述。

3.观点鲜明

政府文件有其特殊的目的和作用，通常采用"要点＋说明"结构，便于读者迅速捕捉文章重点。

（二）长句的定义及分类

关于日语长句的定义，武德庆（2012）从字数的角度，指出："根据文章心理学的数据：26个字以下为短句，27—43个字为中等句，44个字以上为长句。如果超过75个字，会给读者带来心理困扰，没有心理准备的读者通常会选择放弃阅读。"孔繁明则从结构入手，认为"日语句子之所以长，一般不外乎三个因素：(1)修饰语特别是长定语多；(2)联合结构多；(3)结构层次多"。笔者结合翻译实践的文本特点，基于上述定义，将75个字（包括汉字、假名和标点符号）以上、结构复杂的句子定义为"长句"，作为本翻译实践报告的研究对象。

关于长句的分类，张正立（1982）将长句分为以下几种："复句中分句过多；定语或状语成分过长；引用、同位成分过长；上述三种情况兼而有之。"孔繁明将日语长句分为"长定语、多层次结构、较长联合结构"三类。陆留弟（2007）则将日语长句按照分句间关系进一步细分为"并列关系复句、连贯关系复句、递进关系复句、选择关系复句、因果关系复句、转折关系复句、让步关系复句、条件关系复句、假设关系复句、目的关系复句、多重关系复句"等。上述分类并不矛盾，只是侧重点不同。张正立、孔繁明主要基于日语长句的结构进行分类，陆留弟更关注分句间的逻辑关系。

如前所述，本次翻译实践中出现了很多超过75个字的长句，其中既有长定语句,也有分句间关系复杂的长复句。综合上述分类,本报告将这些长句分为“从句间连接词较多的长句”“从句间连接词较少的长句”“含长定语句的长句”三类进行考察。

四、翻译案例分析

在翻译日本的政府文件时,如何在正确理解原文含义的基础上,兼顾政府文件的一般特点、文本的特殊性以及中国读者的接受习惯,将原文翻译成简洁易懂的中文,是长句翻译的重点和难点。为此,本部分将从翻译实践中选取典型案例,并结合笔者初译(译文 1)和审校后译文(译文 2)进行探讨。

(一)由多个从句组成的长句的翻译策略

丸山、佐藤、夏目(2016)指出:“复句中处于支配地位的分句被称为主句,一般位于句末。其他处于从属地位的分句被称为从句。从句根据其形态、句法和功能上的特性,又可以再细分为多个类别。”在由多个从句构成的长句中,经常包含多个连用修饰语。这类长句由于结构及逻辑关系复杂,常常给读者带来理解上的困难。

本翻译实践报告将包含三个以上从句的长句称为“由多个从句组成的长句”。此类长句共 41 个,其中有 20 个句子使用了三个及以上接续成分,有 21 个句子则较少使用接续成分。由于接续成分的存在可能对翻译策略产生影响,以下将“由多个从句组成的长句”再细分为“接续成分较多”和“接续成分较少”两种情况进行分析。

1.分句间使用较多接续成分时

雷鸣、付黎旭(2009)指出:“所谓顺译,也就是按照原文字面意义或顺序进行翻译。倒译也叫变序译,即由于语法、修辞以及表达习惯等方面的原因而改变原文顺序后进行翻译的方法。分译是将原文中的一个词译成几个词,或将一个句子译成几个句子,或将一个段落译成几个段落的翻译方法。”

陶振孝(2011)指出:"所谓重组,即将原文大卸八块,理清其含义,完全打破译出语的表达顺序,按照译入语的语言习惯和表达特点重新构筑句子。"以上"顺译+倒译""分译""信息重组"策略均涉及分句的语序调整。笔者对20个"使用了较多接续成分的长句"的不同翻译策略的使用频率进行了统计(见表1)。

表1　接続表現が多い場合の翻訳テクニックの集計(n=20)

	順訳+逆訳	分訳	情報再編
使用回数	10	3	7
使用比率	50%	15%	35%

可以看出,三种翻译策略的使用频率由高到低依次是"顺译+倒译""信息重组""分译"。以下将对例句进行具体分析(下划线部分表示接续成分)。

首先来看"顺译+倒译"策略的使用情况。

【例1】

原文:例えば、食中毒及び感染症に関しては、関係法令に基づいて、医師等から保健所に対して患者の発生を報告する規定が設けられているので、//保健所がより多くの情報を保有しているのが通常である。

訳文 1:例如,在有关食物中毒和感染症方面,因为在基于相关法令之上制定了医护人员应当向保健所报告患者情况的规定,所以保健所往往持有大量的信息。

訳文 2:例如,在食物中毒和感染症方面,相关法令规定医护人员应当向保健所报告患者的情况,所以保健所往往持有更多的信息。

例1中出现了一个因果复句(前因后果),其中的逻辑关系和中文是一致的,所以中文译文中"因为……,所以……"的大结构可以保持不变,即可以对此句进行顺译。然而,该复句的前半句(以"//"为分隔标记)中包含了「に関して」「に基づいて」「に対して」三个连用结构,按顺序翻译势必导致句子和译文1一样冗长复杂。另外,例1原文的前半句整体是一个由无情物「規定」做主语的被动句(「～規定が設けられている」),而中文在这种情况下一般不使用被动句。因此,译文2采用了“顺译+倒译”的策略,将「規定」一词提至该从句句首,译文成了主动句,其余部分则和原句顺序一致。

【例2】【例3】(略)

其次来看“分译”策略的使用情况。

【例4】(略)

【例5】

原文:準備すべき簡易検査キットとしては、一般的には、事件·事故の頻度の高いヒ素、シアン、有機リンは勿論のこと、その他の有害金属、アジ化ナトリウム、農薬等事件·事故の頻度の高い物質に関する検査キットが必要であり、//また、その他にも地域の特性に応じて必要な検査キットを早急に整備すべきである。

訳文1:简易检测试剂盒方面,一般来说除了需要准备应对频发的砷、氰、有机磷污染、中毒事件、事故的简易检测试剂盒,还应准备检测其他有害金属、二氧化铵、农药等污染、中毒事件、事故频发的试剂盒。此外,还应尽快准备根据地区特性所需的不同检测试剂盒。

訳文2:简易检测试剂盒方面,一般来说除了需要准备应对事件、事故频发的砷、氰、有机磷的检测试剂盒之外,还应准备应对事件、事故频发的其他有害金属、二氧化铵、农药等的检测试剂盒。此外,还应根据地区特性,尽快准备所需的不同检测试剂盒。

例5由「～としては」引出本句主题。前半句(以“//”为分隔标记)「…は勿論のこと、…が必要であり」结构完整,逻辑清晰。但是,由「また」开启的后半句无论是在内容还是结构上都与前半句不同。换言之,前半句侧重简易检测试剂盒的种类,后半句则侧重防疫对策,两者的关联性不强。这种情况就可以采用“分译”策略,将前句以“。”结句,将原文的长分拆分为两个独立的中文句子。

【例 6】(略)

最后来看“信息重组”策略的使用情况。

【例 7】(略)

【例 8】

原文:また、在留外国人、外国人旅行者に対して、//多言語で適切迅速な情報提供を行うことに加え、地方公共団体が設置する一元的相談窓口において、在留外国人に対して新型コロナウイルス感染症に関する情報提供や相談対応を多言語で行うための特別な体制をとる場合に要する経費について、各地方公共団体に対する交付限度額(運営費)を倍額まで増額する。

訳文 1:另外,对于外国居民、外国游客等,除了用多语言提供适当迅速的信息外,还在地方公共团体设置了一元化咨询窗口,关于提供特殊系统以多种语言提供有关病毒感染性疾病的信息和咨询所需的费用,将对每个地方公共团体的拨款上限(运营成本)增加一倍。

訳文 2:另外,对于外国居民、外国游客,除了用多语言提供确切、即时的信息外,还在地方公共团体集中设置了一元化咨询窗口,该窗口采用特殊机制向外国人提供多语言的疫情信息和咨询,针对其所需费用,政府对每个地方公共团体的拨款上限(运营成本)将增加一倍。

例 8 虽然没有主语,但根据原文内容,可以判断这个长句的基本结构是「～に対して、(政府は)～情報提供を行うことに加え、～交付限度額を増額する」。也就是说,这个长句其实是一个单句,但后半句(以“//”为分隔标记)的内容远多于前半句,而且这个长句包含「に加え」「において」「について」等多个不同的逻辑关系,如果完全按照原文语序翻译之,译文就会出现明显的“翻译腔”(参考译文 1)。这时就需要重组原文信息。具体来说,由于「…に加え」后面的内容过长,因此可以先把「地方公共団体が設置する一元的相談窓口」译为动宾结构“在地方公共团体集中设置了一元化咨询窗口”。

接下来再使用“该窗口……”引出后面内容，将「(…)経費について」前的长定语同样调整为动宾结构的“采用……”“针对……”。这样翻译能使动宾结构在整体上贯穿全句，逻辑更加清晰，也符合政府文件简洁易懂的翻译要求。

【例 9】(略)

以上结合具体实例，分析了“顺译＋倒译”“分译”“信息重组”策略在政府文本中长句日译汉中的使用情况。关于其使用频率“顺译＋倒译”＞“信息重组”＞“分析”，笔者认为可能是基于如下原因：

(1)句子中的接续成分体现的是上下句间的逻辑关系，一般情况下应按顺序对其进行翻译，即采用“顺译”策略。但是，由于政府文件文本的特殊性，常出现由多个从句构成的长句，且从句间结构较为复杂，很多长句存在三个甚至更多的接续成分。有些句子中的名词前面有多个定语或者长定语，有些句子中宾语和句末的动词谓语之间有较长的间隔。翻译时为了符合汉语的表达习惯，会使用“顺译＋倒译”翻译策略，即将句子的语序调整为汉语的“谓语动词＋宾语”；或者先说主干，再使用“这……”等描述定语的内容。

(2)日语的长句常包含多层结构，这种情况下即使不用“大卸八块”，至少需要做到在纷繁中“抽丝剥茧”，找准句子主体，逐层分析，按照需要重组信息，产出简洁流畅的译文。

(3)当日语句子过长而从句间又没有明显的逻辑关联性，或者存在两个以上的主题时，翻译时可以适当使用“分译”策略，将其拆分为独立的句子，以突出原句的侧重点。

2.分句间接续成分较少时

“分句间接续成分较少”指的是句子虽然很长(在本报告中特指超过 75

个字符)，但其中的接续成分少于三个。翻译这一类长句时常用的策略主要包括"顺译"和"信息重组"。笔者对21个"分句间接续成分较少"的长句的翻译策略("顺译"或"信息重组")的使用频率进行了统计(见表2)。

表2　接続表現が少ない場合の翻訳テクニックの集計(n=21)

	順訳	情報再編
使用回数	16	5
使用比率	76.2%	23.8%

可以看出，在这一类长句中，"顺译"的使用频率远高于"信息重组"。以下结合政府文本中的具体实例进行分析(下划线部分表示接续成分)。

首先来看"顺译"策略的使用情况。

【例10】【例11】【例12】(略)

【例13】

原文：厚生労働省は、地方公共団体や関係機関と協力して、オーバーシュートや今後の感染者の大幅な増加を見据え、//必要に応じ、法第31条に基づく医療等の実施の要請等も念頭におきつつ、以下のように、医療提供体制の確保を進める。

訳文1：厚生劳动省与地方公共团体、相关机构进行合作，明确爆发性急剧增长和今后感染者的大幅增加的情况，根据需要，在遵循法律第31条规定的实施医疗等要求等的同时，如下所示，促进医疗服务提供机制的完善。

訳文2：厚生劳动省应与地方公共团体、相关机构进行合作，明确爆发性急剧增长和今后感染者大幅增加的情况，根据需要，遵循法律第31条规定的医疗申请等的同时，按照下文完善医疗服务提供机制。

例13的接续成分不多，逻辑较为简单，前后句(以"//"为分隔标记)之间是承接关系。虽然动词较多(「協力して」「見据え」「必要に応じ」「念頭におきつつ」「進める」)，但均是同一个主语「厚生労働省」的行为，且动词的宾语

部分都不长，这时就比较适合采取“顺译”的策略。

然后来看“信息重组”策略的使用情况。

【例 14】

原文：これらの偏在している情報を、各機関が相互に提供しあえば、各機関の活動が促進され、//何よりもその情報に基づき対応すべき機関がその情報を適時に入手できなかったことにより、取返しのつかない事態になったり、又は、危機への対応に予想外の時間を要することを防止できる可能性がある。

訳文 1：如果基于信息进行应对的部门没有适时得到信息，那么就会造成无法挽回的事态，因此如果各部门互相提供这些分布不均的信息，则会促进每个部门活动的开展，还可能防止应对危机时浪费更多不必要的时间。

訳文 2：如果各部门能共享这些分配不均的信息，就能促进各机构开展活动，最重要的是可以避免由于信息共享不及时造成事态无法挽回的情况，或者可以防止应对危机时耗费额外的时间。

例 14 的接续成分不多，但这恰恰造成了前后句（以“//”为分隔标记）的逻辑关系不明显，容易造成误译。该句的前半句较短，「～ば」表示“如果……的话就可以”，但后半句突然话锋一转，列出了“由于没有做到某事”而出现的、人们不希望看到的结果。而且，由于日语的动词谓语在句末，读者只有看到日语句子的最后才能发现其动词谓语是“可以防止”。换言之，该句的大结构是「～ば、…が促進され、（あることにより、…になったり、又は…要すること）を防止できる可能性がある」[如果……的话就可以促进……也能防止（由于未做到某事而出现的两种不好的情况）]。译文 1 和译文 2 都采取了重组的方法，但译文 1 重组过度，没有突出原文想表达的重点。修改后的译文 2 的前半句保留了原文的语序，后半句首先突出了原文后半句开头的“最重要的是”（「何よりも」），之后增加了与“防止”意义近似的“避

免"一词，这样就明示了后文的两种人们"不希望出现的结果"之间是并列关系，使得译文逻辑更加清晰明了。

【例15】【例16】(略)

在本次翻译实践中，对于分句间连接词较少的长句，"顺译"策略的使用频率远高于"信息重组"。笔者认为可能是由于如下原因：

(1)日语属于"形合"的语言。一般来说，如果接续成分较少，就意味着该句的结构或者逻辑关系可能相对简单，在翻译时几乎不需要对语序进行大的调整，采用"顺译"策略即可。

(2)当然也不排除一些特殊情况，即接续成分较少反而容易导致译者的逻辑判断出现失误，这时需要根据内容、语法等，准确把握原文内容，厘清结构，在此基础上重新整合译文。

(二) 含有长定语句的长句的翻译策略

本翻译实践报告选取的研究对象是75字符以上的长句，又将其中定语部分的长度超过其总长度的1/3的句子(即超过25字符)称为"含有长定语句的长句"。孔繁明在《翻译探索——谈谈日译汉中的长句拆译》中指出："不变语序，直接连译：为了保持原文风格或者为了译文行文的需要，有时不须改变定语与其被修饰语的语序，可以基本按照原文的语序直接译下去。先抓主干，后理分枝(定语)：先讲主干，后谈分枝，这是汉语行文中一种常用的方式。部分定语不变，部分定语后置：一部分定语不变位置，仍然放在被修饰语的前边，而另一部分定语则移到后边，变成被修饰语的叙述部分，有时中间用复指成分连接前后句。"可以看出，这三种策略均涉及对定语的处理，也都与语序有关。笔者选取了13个"含长定语句的长句"，对上述三种翻译策略的使用情况进行了统计(见表3)。

表 3 長い連体修飾語による長文翻訳テクニックの集計(n=13)

	語順を変えずにそのまま訳す	先に主節をつかみ、次に従属節(連体修飾語)を訳す	一部の連体修飾語を変えず、一部の連体修飾語を後ろに置く
使用回数	5	6	2
使用比率	38.5%	46.2%	15.4%

从表 3 可以看出,三种翻译策略的使用频率是“先抓主干,后理分枝(定语)”>“不变语序,直接连译”>“部分定语不变,部分定语后置”。以下将举例进行具体说明(例句中用单下划线标示了定语部分,用双下划线标示了被修饰语)。

首先来看“不变语序,直接连译”策略的使用情况。

【例 17】(略)

【例 18】

原文:難病患者、精神障害者、在宅人工呼吸器装着者及び在宅透析患者のように在宅医療を受けている患者、ハイリスク妊婦、障害者等の災害弱者は、健康危機の発生により、在宅医療等の継続が困難となる場合がある。

訳文 1:像疑难杂症患者、精神障碍者、安装家用呼吸机的患者以及在家做透析的患者这样接受在家就医的患者、高危孕妇、残疾人等灾难弱者发生健康危机时,有时很难继续在家就医。

訳文 2:像疑难杂症患者、精神障碍者、家用呼吸机佩戴者、家庭透析患者等家庭医疗患者,高危孕妇、残疾人等灾害弱者在健康危机爆发时,有时很难继续在家就医。

在例 18 中,「災害弱者」是被修饰语,前面的内容都是定语,其中又内嵌了一个小的定语结构,即「在宅人工呼吸器装着者及び在宅透析患者のように在宅医療を受けている患者」。例 18 的定语部分虽然长,但基本上是对简单的名词的罗列,因此按文中语序依次译出即可。

【例 19】(略)

其次来看“先抓主干,后理分枝(定语)”策略的使用情况。

【例 20】

原文:併せて、サンプリングを行う場合の採取者の現場での安全性の確保、サンプリング試料の媒体毎の採取量·保管方法等に関する事項を記載したサンプリングマニュアルの作成を事前に準備しておくべきである。

訳文 1:同时，应该事先制作好记载着在进行取样时如何确保采集者现场的安全、试样取样在每个介质上的采集量、保管方法等相关事项的取样手册。

訳文 2:同时，应该事先制作好取样手册，其中记载了如何确保采集者采集时的安全、试样取样在每个介质上的采集量、保管方法等相关事项。

例 20 中的「サンプリングマニュアル」(取样手册)是被修饰语,前面的内容都是其定语,但与例 18 不同,例 20 的定语是一个动宾结构,而且这个宾语也是定语句。换言之,它拥有一个大定语句里嵌套了小定语句的双重结构。译文 1 虽然采取了倒译策略,但是在定语句的处理上过于拘泥于原文结构,导致动词“制作”和宾语“取样手册”之间间隔很远,出现了典型的“翻译腔”;而译文 2 先抓主干“取样手册”,然后用“其中记载……”陈述了原文中定语的内容。相比译文 1,译文 2 对句子逻辑关系的展示更为清晰,便于读者抓住重点。中国的政府文件中通常采用“先说要点,再加以说明”的形式,“先抓主干,再理分枝(定语)”的策略也符合这一逻辑特点。

最后来看“部分定语不变,部分定语后置”策略的使用情况。

【例 21】(略)

【例 22】

原文:保健所は(市町村が担当する)(高齢者、児童、障害者等への災害に係る情報提供や避難誘導、これらの者に対する必要物資の供給等の)災害弱者対策に関する計画等を把握し、市町村を支援するため、医師会、医療機関、福祉部門及び教育部門との連携体制を予め構築することが必要である。

訳文 1:保健所掌握了向市町村负责的老年人、儿童和残疾人等提供灾害相关信息和避难指导、向这些人提供必要物资等的灾难弱者对策的相关计划等,为了支援市町村,有必要事先建立与医师会、医疗机构、福利部门以及教育部门的合作机制。

訳文 2:保健所为掌握灾害弱者对策的相关计划,如由市町村负责的向老年人、儿童和残疾人等提供灾害相关信息、避难指导和必要物资等,以及为了支援市町村,有必要事先建立与医师会、医疗机构、福利部门以及教育部门的合作机制。

例 22 是一个由包含多层修饰关系的长定语句构成的长句。处于核心的被修饰语是「計画」,前面的定语又可以继续被拆分为两个长短不一、在语法上独立但又在内容上紧密关联的句子[以"( )"为标记]。译文 1 基本按照原文的语序进行翻译,导致动词谓语"掌握"的宾语不明,容易产生歧义;而译文 2 保留了"(灾害弱者对策的)计划"这个最紧凑的定语,然后使用"如……"等,将其他定语后置,这样就厘清了定语间的逻辑关系,也保证了政府文本的严谨和规范。

在本次翻译实践报告选取的 54 句超过 75 字的长句中,含有长定语句(25 字以上)的长句就有 13 句,说明信息量大、表述严谨是日本政府文本的特点。长定语句的出现频率虽然较高,但相较前述结构及逻辑关系复杂的长句而言,对长定语句的翻译一般很少使用"信息重组"策略,更多是在保持原语序的基础上视情况微调语序，比如"先抓主干，再理分枝"或者"部分定语不变，部分定语后置"。这种"要点＋说明"的翻译形式可以突出长文本中的核心信息，又层次分明、逻辑清晰，便于民众理解，满足了政府文件翻译的要求。

五、结语

本翻译实践报告基于笔者于2020年实际参与的对日本政府相关文件的日译汉翻译实践，以文件中超过75个字符的长句为研究对象，对其翻译策略进行了分析，得出了如下结论：

(1)本报告将长句分为三类，数量由多到少依次为"从句间接续成分较多的长句""从句间接续成分较少的长句""含长定语句的长句"。其中，"含长定语句的长句"相较于前面两类数量较少，结构及逻辑关系也较为简单。

(2)对于由"多个从句构成的长句"，当其中接续成分较多时，较为常用的翻译策略是"顺译＋倒译"，其次是"信息重组"和"分译"。一方面，接续成分体现了句子间的逻辑关系，因此大体上应对其进行顺译。另一方面，当由多个从句构成的长句中包含多个连用的修饰语时，为了符合汉语表达习惯，翻译时通常会后置这些修饰语。当长复句的结构复杂且包含多层关系时，需要"抽丝剥茧"，彻底厘清原文含义，在此基础上重新整合译文。当从句间关联性较低或涉及两个以上的主题时，可以使用分译策略，突出每句的侧重点。

对于由"多个从句构成的长句"，当其中接续成分较少时，一般采用"顺译"策略。接续成分少，从侧面说明该句各成分之间的逻辑关系可能较为简单，比如呈并列关系、递进关系等。这种情况通常无须特意改变原文语序，这样可以保留原文的逻辑关系，使译文易于理解。但是，在少数情况下，句子接续成分少，也有可能导致对逻辑关系的判断出现失误，带来理解上的歧义。这时就不适合采取顺译策略，而需要译者真正把握原文含义，适当进行信息重组，才能体现政府文件的严谨规范。

(3)在对“含长定语句的长句”进行翻译时，常见的策略包括“不变语序，直接连译”“先抓主干，后理分枝(定语)”“部分定语不变，部分定语后置”等。其中，“不变语序，直接连译”和“先抓主干，后理分枝(定语)”的使用频率更高。这是因为长定语句的逻辑关系通常较为简单。

日本政府文件相较于一般文本而言，信息量更大、措辞更严谨，因此表述冗长、长句较多、结构层次复杂。在进行日本政府文件的汉译实践时，要充分关注到它的上述特点，译文才能简洁流畅、逻辑清晰，没有“翻译腔”。

第五章　翻译项目四:口译项目学习研究

第一节　口译实践项目介绍

北京第二外国语学院日语学院 MTI 同时开设了口译和笔译方向(2010 年首次招生时仅有口译方向,2012 年开始招收笔译方向的学生),选择口译方向的学生始终多于选择笔译方向的学生。口译方向的研究生需要更多的口译实践。为此,日语学院一方面在课堂上为学生打造接近真实场景的模拟口译训练场景,另一方面创造尽可能多的口译实践机会,其中就包括近年来在本校举办的国际性讲座。在这些讲座中,日语学院利用学校同传设备,安排翻译方向研究生担任同传译员,为到场的日本嘉宾和本科低年级同学提供同声传译服务(见图 5-1)。

图 5-1 国际性讲座

具体来说，就是将会场内 8 个同传间中的 1—2 个同传间作为主同传间，由持有二级、一级口译证书或具有一定口译实战经验的学生担任译员，首先保证同传任务的顺利完成（见图 5-2）；其余 6—7 个同传间则用作练习用同传间（见图 5-3）。

图 5-2 在主同传间进行同传的研二及研三学生译员

一方面，由于有真正需要同传服务的听众（如在场的日本嘉宾及低年级本科学生），以及众多关注翻译质量的老师和同学在场，因此参与口译实践的学生需要具有“听者意识”，身临其境地感受同传环境，也需要真正熟悉同

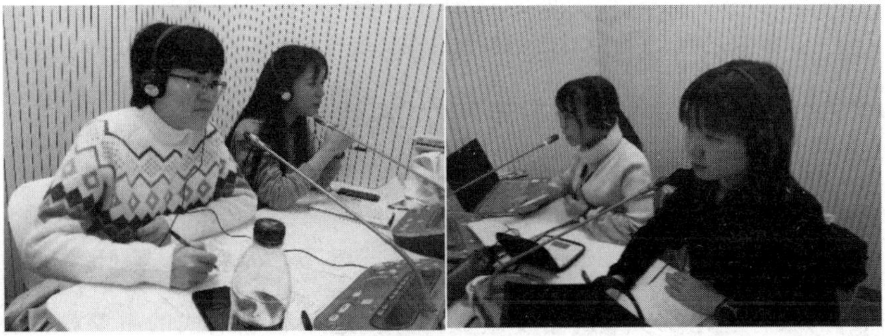

图 5-3　在练习用同传间进行同传的研一学生译员

传设备、懂得与搭档配合、懂得处理突发事件。另一方面,由于主同传间和练习用同传间同时存在,学生译员心理负担相对较小,也在一定程度上可以发挥出较高的水平。

近年来,翻译方向研究生具体参与的真实口译项目包括：以“日本漫画：杂志编辑的深意”为主题的漫画系列讲座；日本著名评论家、漫画家大塚英志先生进行的“穆夏与漫画:思考重现的日本风”学术讲座；中日漫画教育高端论坛；日本动漫大师月冈贞夫教授进行的“动漫物语论”学术讲座；“二‘严’对‘歌’——鼎谈日本研究中的问题意识”学术讲座；“平成时代再认识”学术讲座以及面向全校师生开放的“白玉兰”国际化系列文化讲座等。

第二节　依托真实口译项目的教学模式探讨

依托项目的教学是 20 世纪西方体验式学习、"从做中学"(learning by doing)的教育理论及实践的重要组成部分。这一教学模式的主要特征在于使用真实语料,同时强调以学习者为中心。学习者需要主动学习、运用多项技能,对项目从设计、实施到展示的完整环节负责。依托项目的教学多为具有一定时间跨度的课内外系列活动,既注重学习过程,又注重最后的学习产出。学习者在对学习过程及产出进行反思的过程中,融合并内化了"语言学习""学科内容学习"和"能力打造"。在这一模式中,教师更多是作为项目的管理者和顾问参与其中,起到"支架"作用。

基于上述特征,本节主要以学习过程和学习产出为中心,选取 2019 年 12 月在本校举办的中日漫画教育高端论坛口译项目为素材,从"译前准备""口译实战""译后拓展"三个环节进行分析。

一、译前准备

2019 年 12 月,由中国教育国际交流协会、北京第二外国语学院、京都造形艺术大学、一般社团法人日中漫画学会共同主办,北京第二外国语学院日语学院、中国动漫文创研究院承办的"中日青少年奥林匹克漫画交流展 2019 暨中日漫画教育高端论坛 2019"在北京第二外国语学院举行。论坛期间,中日漫画学界的专家学者分别进行了题为"東アジアの変動帯を歩く"(日文)、"ラクガキから始める異文化交流"(日文)、"漫画的社会功效"(中文)的主题演讲,日语学院翻译方向研究生担任了论坛的同声传译工作(见图 5-4)。

注意事项：

译员分为上半场和下半场两组，各组在活动期间自行判断合适时机进行轮换。全场均需要进行同声传译（包括主持及互动环节等）。

（1）请各组译员提前20分钟到达会场，检查同传设备，熟悉机器操作（尤其是语言切换时）；会议开始前10分钟全部就位。

（2）中间换场时注意轮流安静入场，不要同时换人，以免出现同传间没有译员翻译的情况。

（3）水杯可以带入同传间，但不要放在桌上。

（4）综合报告厅的同传间没有电脑，请同学们自带电脑或iPad。

（5）使用自己的手机或录音笔全程录音。

译员安排：*标斜体的6名译员*，为参加全国口译大赛获奖以及持有翻译资格考试口译二级或口译一级证书的同学。**标下划线的译员**，为之前在综合报告厅进行过同传实践的同学。（以上安排均优先尊重学生本人意愿）

上半场：以下数字指同传间序号，请按同传间序号顺序使用。

2号不能使用。

带*的3、4、5号为位于中间的主同传间，中途不替换译员。

图5-4　学生负责人撰写的口译活动注意事项

在准备环节，学生分为了几个小组：由于了解到嘉宾于参加论坛三天前在其他学校有讲座活动，担任主同传间口译的两名学生去会场旁听了讲座并进行了模拟口译，以大致了解嘉宾的语速及讲座相关内容；在练习用同传间进行口译的同学则主要根据发言人信息，分工准备背景资料及有可能出现的术语并进行共享；此外，之前在该会场进行过口译的同学担任学生负责人，主要承担学生译员的统筹以及编写“注意事项”等工作。以上准备活动均由学生自主完成，教师在必要时给予协助。

二、口译实战

论坛举办当天，学生依据此前的任务分配，通过团队合作顺利完成了口译任务。需要指出的有三点：

一是在论坛开始后，负责口译的学生发现嘉宾的发言内容与其之前在其他学校进行的讲座内容完全不同，不过会议当天嘉宾使用了PPT，而且对于嘉宾发言内容中的较多术语，学生译员都在译前准备阶段进行了积累，因此学生译员能够以良好的心态完成口译任务。

二是学生负责人在“注意事项”中提出需要自带电脑或iPad进入同传间，事实证明这是一个非常正确的提议。因为八个同传间均没有配备电脑，口译时学生只能透过前方玻璃看会场的PPT，而位于侧方位置的两个同传间的玻璃反光严重，学生译员很难看清PPT。在本次口译活动中，学生负责人提前注意到这一点，并安排会场内的同学把PPT拍摄下来并及时分享在口译群中，解决了这个问题。

三是在依托项目进行的口译实践教学中，学生负责人的选拔非常重要。优秀的负责人通过规划并监控口译过程、活动进展和结果，可以掌握一般口译项目的设计、组织、管理技巧，提升口译质量控制能力，这一安排也能培养其可持续发展的综合素养。

三、译后拓展

口译项目结束后，学生将自己的口译录音进行了文字化转写，并针对其中的问题点进行了思考。实际上，这也是每次课堂模拟口译实践后的作业，教师会根据学生提交的反馈报告有针对性地提供指导。

和平时课堂上的口译练习相比，依托真实口译项目的反馈报告有其独特性。

(1)教师在挑选用于平时课堂训练的素材时，在领域选择、难易度、语速上均有一定考量，需要保证大部分学生能独立完成口译，而真实口译项目中可能出现各种情况，不同学生在完成度上会出现较大差异。

(2)口译项目结束后，除了对语言能力有反思外，还有很多学生将口译效果与译前准备、个人心理素质、与搭档的配合等相联系，这样的心得是他们在平时的课堂教学中难以获得的。

(3)日语学院每次都会在真实的口译项目中设置质量评估环节，由具有真实需求的听众(如中日方嘉宾、日语专业本科低年级学生、其他院系师生)、教师、场外 MTI 学生等共同就学生译员口译的准确度、流畅度及综合表现进行评价(优、良、中、差)。在本次口译活动中，有真实需求的听众及教师可自由切换聆听不同同传间的音频，针对一个或多个同传间的口译质量进行评价；而场外的 MTI 学生则只能选择某个固定同传间聆听，并对其口译效果进行评价。

“译后拓展”的一个最重要的内容，就是教师指导学生在实践基础上展开反思，针对所发现的问题撰写口译实践报告或翻译研究论文。近年来学生撰写的口译实践报告题目见图 5-5。

动漫讲座同声传译实践报告——以冗余信息的平衡为中心

动漫讲座同声传译实践分析——以信息缺失为中心

漫画讲座同声传译实践报告——以策略性省略的分析为中心

漫画讲座同声传译实践报告——日汉同传中非流利现象的个案研究

“以《铁扇公主》为主题的漫画创作”漫画讲座同声传译实践报告

——以预测策略的应用为中心

同声传译中主/次要信息的处理

——以中译日讲座“平成时代再认识”为例

“平成时代再认识——全面解读日本深层竞争力”翻译实践报告

——以吉尔的精力分配模型为指导

“二严对歌”同声传译实践报告

——以对谈式讲座同传中精简策略的运用为中心

图 5-5 口译实践报告题目

第三节　基于模拟项目的优秀口译实验报告案例分享

考虑到真实口译项目的数量及参与学生有限，我们也鼓励口译方向的学生使用其他合适的素材撰写“模拟口译实践报告”；或者使用课堂口译素材撰写“口译实验报告”；或者开展实证研究，撰写“口译案例分析报告”，目前也有越来越多的MTI培养院校（口译方向）学生采用这些形式撰写论文。本节将分享学生基于模拟项目撰写的其他形式的论文——口译实验报告[①]。

日文题目：『浅谈正能量』原稿あり同時通訳の実験報告

——ベテラン通訳者と新米通訳者の情報処理に関する比較研究

中文题目：《浅谈正能量》中译日有稿同传实验报告

——新手译员和老手译员的信息处理差异的对比研究

论文作者：胡巾杰

引言

在研究生一年级“交替传译”的课堂上，笔者及同学在教师的带领下，对一篇名为“浅谈正能量”的文章进行了中译日交替传译练习（音频时长02分50秒，速度为237字/分，字数672字）。当了解到该素材为有稿同传，并且

① 可在北二外学位论文库中检索到本口译实验报告的日文版。为了方便阅读，本书收录的内容已被译为中文。此外，由于篇幅所限，笔者去掉了报告的附录、脚注、参考文献等信息，对例句等内容进行了适度删减。

有可能接触到由日本专业译员进行的中译日一手音频资料时，笔者尽最大努力模拟了现场情景，使用现场源语音频（音频时长 19 分，速度为 235 字/分，字数 4460 字）进行了有稿同传训练，并将训练音频进行了文字化。在对比笔者译文和日本专业译员的译文后，笔者发现二者在翻译过程中的表现有很大不同。比如，在译词的选择上，笔者经常对自己第一遍选择的词感到不满意、改口重说，而专业译员在选词上较为果断。再如，在停顿的位置上，笔者在述宾短语或结句的地方有不自然的停顿，而专业译员的停顿多在修饰语和中心词之间。这些问题的出现是否由于笔者是学生译员、能力不足，其中是否存在个体性差异，还是呈现普遍性的倾向？此外，不同译者在语言表达及信息处理方面的差异等是否受到译者母语的影响？为了解上述问题，笔者梳理了对口译活动中老手译员和新手译员进行对比的相关先行研究，并在此基础上，通过小规模口译实验进行进一步的观察及验证。

一、对口译活动中老手译员和新手译员的对比研究

20 世纪 70 年代开始，“专家技能”(expertise)成为口译研究的一个新视角。进入 21 世纪，这一视角受到更多研究者的关注，该视角关注新老手译员的不同表现以及他们在翻译过程中采取的不同策略，分析老手译员表现和新手译员表现之间的区别，进而发现两者之间的差距，为口译教学和训练提供指导。

关于新老手译员的对比实验主要集中在中英语对之间。杨承淑、邓敏君(2011)对 3 名新手译员和 3 名老手译员中英双方向的有稿同传进行了研究，从“停顿位置及特征”“切分位置”“纠错与修补”“衔接方式”四个方面研究了老手译员和新手译员在口译时决策过程的不同。姚斌(2013)在实验部分结合量性和质性的研究方法，从“问题诱因”角度对比了 1 名老手译员和 4 名新手译员在英汉交传时的表现，并将新手译员遇到的问题分为“认知处理

能力要求加大时出现的问题”和“信号脆弱导致的问题”,然后分析了老手译员优于新手译员的具体表现,提出了有效的针对性策略,还对口译课程设置提出了改进意见。唐芳、李德超(2013)对5名新手译员和5名老手译员进行了汉英交传实验,从译文输出、译后回顾、译后访谈和交传笔记四个方面探寻两者在交传中的显化特征。实验发现,老手译员更懂得宏观把握,而新手译员常会因为口译训练不足、主次不分而因小失大。

除上述期刊论文外,近年来也出现了一些对此进行了相关研究的硕士论文。徐丽丽(2014)选取10名新手译员和1名老手译员进行英译中交替传译,分析了新老手译员在英汉交传语域控制方面的差异。雷肖(2015)选取了5名新手译员和1名老手译员进行英汉同传实验,发现随着新手译员主要信息译出率的升高,其次要信息译出率会有所下降。新手译员因为不善于区分主次信息,会将大量精力浪费在较为简单易懂的次要信息上。刘海燕(2015)选取5名新手译员和2名老手译员进行中译英笔译实验,从语言、文本、学科、转换能力四个方面探究新老手译员之间的区别。史慧子(2017)选取10名新手译员和6名老手译员进行英译中视译实验,从准确性、表达流畅度和输出语质量三个方面进行定性定量分析,指出“合理切分”“增补”“删除”三种策略能帮助提升新手译员的译语输出质量。

此外,有学者在英语和其他语言之间进行实验。比如Barik(1973)对2名老手译员、2名新手译员、2名业余译员进行了英法同传实验,结果发现,老手译员错误数量少,每分钟说的有效信息多,修改次数少。高桥绢子(2009)选取11名老手译员和11名新手译员,通过实验对比新老手译员在英语元音和辅音听辨能力上的差异,进而推测该项能力与翻译能力之间的关系。Lee(2012)通过实验对比3名老手译员和6名新手译员在英译韩视译时的表现,认为老手译员的归纳概括能力要高于新手译员,并建议新手译员着重提升概括能力。

综上所述，首先，关于新手译员和老手译员的对比研究均通过实验进行，但主要集中在中英语对之间，也有少部分研究是以英语和其他语种为中心进行的，对中日语对的研究明显不足。其次，实验主要集中在交传上，针对老手译员和新手译员的有稿同传的相关研究仅有1篇。

本实验将在先行研究的基础上，进行中日语对间的有稿同传实验，并对新老手译员的表现进行对比，旨在为新手译员提高口译水平提出可行性建议。

二、实验概况

（一）实验设计

（1）实验时间：2020 年 7 月 14 日（周二）。

（2）实验对象：北二外 2019 级 MTI 口译方向学生中通过 CATTI 三口考试的 5 名学生译员。

选择这 5 名学生译员作为新手译员的原因如下：根据德雷福斯模型（Dreyfus model），可以将人的技能习得分为五个层级，即“新手”（novice）、“高级新手”（advanced beginner）、“胜任者”（competent）、“精通者”（proficient）、“专家”（expert）。狭义上看，新手通常指的是刚开始学习任意技能的人，甚至包括未入门的、接近外行水平的人。但是，这一狭义的概念并不完全适用于本研究，因为本研究的实验对象如果仅能达到“新手”水平而不能达到基本“译员”的水平的话，那就很难将其翻译成果与“老手译员”的译出进行有效比较。因此，笔者拟将“新手”和“高级新手”视为本实验中的“新手”，而将与此相对的“胜任者”“精通者”“专家”视为本实验中的“老手”，并对他们加以对比研究。

本实验中的老手译员为日本首屈一指的同传译员，母语为日语，长期活跃在中日口译行业一线,近年来一直担任中央电视台大富频道的中日同传并负责新人指导工作,是当之无愧的“专家”“老手”。与此相对,5名学生译员母语为中文,在入学前已获得人社部CATTI三口证书,达到CATTI考试大纲三级所要求的“胜任一般难度的交替传译工作”“具备准专业译员所需的日语听力理解能力和表达能力”,在参加本实验时,作为MTI口译方向学生,5名译员均已接受了为期一年左右的口译训练。之所以选择这5名学生作为“新手译员”参与实验,是因为其译出结果可以保证一定的水准,在此基础上的对比研究所发现的个性与共性问题将更有价值。

(3)实验素材:《浅谈正能量》的中文发言稿,共4460字。

内容关于当下流行词语——“正能量”,是一个耳熟能详的话题。全文偏向口语体,没有生僻词语,较为通俗易懂,是笔者手中难易度适中、比较适合新手译员的素材,且笔者拥有现场口译音频,便于进行实验。

(4)实验形式:有稿同传。

选择有稿同传的原因是目前先行研究的实验形式多为无稿的交传和同传,以及单独的视译。在此次同传实验中,笔者获得的是老手译员进行有稿同传时的音频资料,所以在实验设置上,笔者让新手译员也进行有稿同传。这样既便于比较,也可以针对有稿同传研究不足这一点进行补充。

(二)实验目的及意义

笔者首先自己进行了有稿同传实验,发现自己与老手译员在以下几个方面存在差异:首先,笔者的重说次数明显高于老手译员。除了因口误而重说外,笔者在正确翻译的基础上又进行词义增补的次数也多于老手译员。其次,老手译员会在语句间增添衔接词,使译出内容更有逻辑。与此相对,笔者并没有进行衔接词的增补,译出文本的逻辑也不是很清晰,而且笔者的口译中有很多「えっと」「その」等“口水词”。此外,在译后回顾时,可以发现和老手译员相比，笔者的停顿显得不自然，比如笔者会在动词和宾语中间停顿，或会在主题词和谓语句之间卡顿等。

可以将上述情况大致分为语言信息和副语言信息两大类。基于此，笔者提出如下假设：

(1)新手译员和老手译员在对语言信息和副语言信息的处理上有很大差异。新手译员对单词词义无法进行很好的把握，会不停对译文进行修补，输出效果不佳。

(2)在动宾结构之间不自然的停顿和“口水词”过多等问题会影响新手译员的口译输出效果。

(3)上述差异除了个体因素外，与译员的母语有一定关联性。

本研究拟通过实验验证上述假设是否准确，并通过对比新老手译员在有稿同传中的表现，分析两者之间的差距及出现差距的原因。希望借此为新手译员明示能力提升及训练的重点，进而为口译教学、训练提供更为有效的指导。

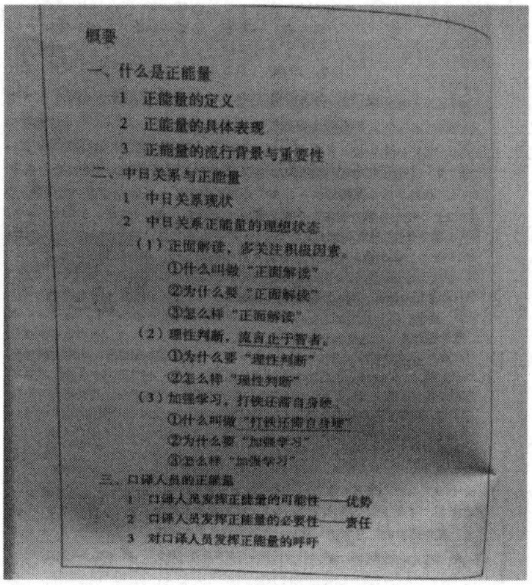
概要
一、什么是正能量
1 正能量的定义
2 正能量的具体表现
3 正能量的流行背景与重要性
二、中日关系与正能量
1 中日关系现状
2 中日关系正能量的理想状态
（1）正面解读，多关注积极因素。
①什么叫做“正面解读”
②为什么要“正面解读”
③怎么样“正面解读”
（2）理性判断，流言止于智者。
①为什么要“理性判断”
②怎么样“理性判断”
（3）加强学习，打铁还需自身硬。
①什么叫做“打铁还需自身硬”
②为什么要“加强学习”
③怎么样“加强学习”
三、口译人员的正能量
1 口译人员发挥正能量的可能性——优势
2 口译人员发挥正能量的必要性——责任
3 对口译人员发挥正能量的呼吁

图 1

(三)实验方法及数据收集

(1)实验方法：本实验采取“线上实验+译后访谈”的方法。

为与老手译员的译出结果进行对比，笔者在实验设计时尽可能模拟了现场场景，即提前一天将摘要(见图 1)[①]发给学生译员，方便学生译员了解口译主题，进行译前准备。

① 本文案例分享部分所载图片、图序、图题均按原文照录。

接下来，在实验开始前20分钟，笔者将发言稿的中文文字版提供给新手译员，让其有时间通览全文。预览结束后，由笔者播放中文音频，请新手译员进行有稿同传，同时录音。录音结束后，笔者回收同传音频，并将其进行文字化处理。最后，结合新老手译员口译音频的文字化内容，笔者对数据进行收集和整理，并在之后的一周时间内，对学生译员进行译后访谈。此次实验和现场真实口译唯一不同的一点是，如前所述，5名学生译员在实验进行的约2个月前曾在课堂上进行过相关内容的交替传译练习，但仅涉及4460字中的672字（见图2）。

中译日：

日本每年都会进行流行语大奖评选活动，中国也同样不断地有流行语和新语的产生。//流行语诠释了人们对当前社会实态的认知和对未来生活的憧憬。可以说，流行语是社会生活的晴雨表。//今天，我就想跟大家谈一谈中国近来最流行的一个词----“正能量”。//

“正能量”本来是物理学名词，它源于一位英国心理学家的专著。//该书将人体比作一个能量场，通过激发内在潜能，可以使人表现出一个新的自我，从而更加自信和充满活力。//在中国，“正能量”指的是一种健康乐观、积极向上的动力和情感。//当下，中国人为所有催人奋进的、给人力量的、充满希望的人和事，贴上“正能量”的标签，它已经上升成为一个充满象征意义的符号，与我们的情感深深相系。//例如，近几年在中国收视率很高的《感动中国》和《最美中国人》等电视节目，以及由民间公益组织发起后席卷全国的“光盘行动”等，体现的都是人们对真善美的追求和对社会主价值观的崇尚和宣扬。//

接下来，我想谈谈正能量与中日关系。近几年，中日关系面临着非常严峻的局面。//关于中日关系如何破局，两国政界、学界、商界、媒体界等各相关领域都表达了各自见解。//虽然看问题的角度和解决问题的方式不尽相同，但有一点可以肯定，就是大家都认为中日“和则两利，斗则两伤”，目前的局面不符合双方利益，中日关系需要正能量。//个人拙见，中日关系的正能量大致可以归纳为以下三点。(一)正面解读，多关注积极因素。//(二)理性判断，流言止于智者。(三)加强学习，打铁还需自身硬。//我相信，当两国大多数国民都开始认识真相，都开始全面理性思考的时候，都开始自发地为中日关系积蓄和传递正能量的时候，我们离真正的友好会越来越近。//

图2

笔者曾经考虑过更换实验素材，但在综合比较后发现，该素材的难易度比较适合新手译员，笔者也能较为方便地对比新手译员的口译音频与现场日本专业译员的口译音频素材。除此以外，正因为学生对文章主旨及大体内容有一定了解，所以他们在口译时心理负担较小，也能够保证其基本的译出质量，更加便于比较分析。当然，对于这一情况可能对实验结果带来的影响，笔者也会在分析时加以充分考量。

(2)实验数据的收集。

根据文字化结果，笔者分别对老手译员和新手译员的译出所用时长及译出字数(见表1)，纠错与修补、停顿、“口水词”(见表2)做统计如下。

（表1）中译日有稿同传时译员所用时间及译出字数

	译员	译出所用时长	译出字数
老手译员	A	19:04	5874
新手译员	B	19:10	4692
	C	19:05	4584
	D	19:09	4294
	E	19:12	3932
	F	19:04	4734

（表2）新手译员和老手译员在纠错与修补、不同位置的停顿、“口水词”次数

		老手译员 A	新手译员 B	新手译员 C	新手译员 D	新手译员 E	新手译员 F
重说	纠错	3	22	31	78	18	15
	修补	1	1	3	4	2	0
不同位置的停顿	修饰语与中心词之间	0	6	9	7	7	5
	主谓之间	1	5	13	16	18	6
	动词与目的语之间	0	10	8	7	5	4
“口水词”	次数	0	10	23	31	15	19

三、基于实验的中译日有稿同传时信息处理差异对比分析

Annalisa和Claudio(2005)把口译活动的影响因素分为语言信息、副语言信息和超语言信息。其中，语言信息包括口译文本的词法、句法等，副语言信息包括口译语料中的停顿、重复等，超语言信息包括委托人要求、译员水平等。

张威(2009)指出，“口译包含许多与话语相关的元素，其中副语言中包括停顿、口水词、语音拖长等。这些元素不仅是口头语言表达的自然反映，也常常是具体口译策略应用的直接表现”。对这些元素进行考察与分析，能

够进一步认识口译这种特殊的交际活动,并透过这些元素"判定具体口译策略的影响因素以及这些策略的应用效果"。

结合前人的分类,可以推断出应该将实验结果中的"纠错与修补",即译员对文本中词语的修正,归纳为语言信息并对其进行讨论;应该将"停顿位置及特征",也就是译员在口译时的停顿,以及对"口水词"的使用归纳为副语言信息并对其进行考量。

(一)新手译员和老手译员在译出所用时长及译出字数上的差异

在对新老手译员的信息处理差异进行分析之前,首先可以观察到,虽然都是同传,但新手译员的整体翻译时长略长于老手译员,其译出的内容字数则整体少于老手译员,并且存在明显的个体差异。

相较于老手译员译出的 5874 字,新手译员平均只译出了 4000 多字,且存在不同程度的漏译。在对 5 位新手译员录音的文字化内容进行分析后,笔者发现,不自然的停顿、纠错等输出时的不佳表现浪费了译员的时间,而且不自然的停顿和纠错与漏译的出现次数呈正相关,不佳表现越多,译员译出的信息及字数就越少。

究其原因,主要是实验的语对方向是中译日。一般来说,在中译日时,日文作为译语的字数会略多于中文源语。在同声传译的情况下,为了跟上发言人的中文语速,译员本就容易漏译,而由于新手译员的母语并非日语,因此他们会对翻译内容进行一定程度的修改,这就更导致了漏译情况的出现。不过,译出字数的多少也存在一定的个体差异。其中,新手译员 E 的译文字数只有 3932 字,尤为瞩目。译员 E 在同传时沉默了整整 5 秒,完全漏译了发言人在这 5 秒内的发言内容,并且多次进行了重说。在对其进行译后访谈时,译员 E 表示自己有一个无意识的习惯,就是在思考如何翻译下文时会重复自己说过的最后一个词;如果遇到不会的句子,就会经常漏译。可见，这是其译出字数较少的原因。

（二）新手译员和老手译员在语言信息处理上的差异

1. 纠错与修补

口译产出时的重说，通常是由于译者不满意自己的产出或发现自己的译法不妥当，是一种纠错或修补。本实验中的“纠错”指的是，译员在自己译出的译文有助词错误或口误时，对其加以修改的情况，比如译员将「祖国を」说成「祖国に」（出现助词错误）并修正译词的情况。“修补”指的是译员译出的原文并没有错误，但译员为了使其表意更准确而对其进行修改补充的情况。比如，为了让听众更好地理解，译员将本来译出的「日の光の男の子」修改补充为「つまり、はつらつボーイ」。对实验结果的分析发现（见表 2），老手译员 A 共计重说（包括“纠错”和“修补”）了 4 次，新手译员的重说次数则远远多于老手译员。其中，新手译员 B 共 23 次，约为老手译员的 6 倍。新手译员 C 共 34 次，约为老手译员的 9 倍。新手译员 D 共 82 次，约为老手译员的 20 倍。新手译员 E 共 20 次，为老手译员的 5 倍。新手译员 F 共 15 次，约为老手译员的 4 倍。此外，从分项上看，新手译员的“纠错”次数远高于“修补”。

笔者将新老手译员在纠错与修补方面的特点进行了对比，有如下发现。

（1）纠错方面的特点。

首先来看老手译员，共出现了两处：

例 1：

発言者：“正能量”本是物理学名词，而“正能量”的流行，源于英国心理学家的专著《正能量》。

ベテラン通訳者 A：「プラス・エネルギー」とは、もともと物理学の***言葉が、*言葉なんですが***、その広がったきっかけは、イギリスのある心理学者の『プラスエネルギー』という本でした。

例 2：

発言者：让我们行动起来吧，不要再满足于做一个传话筒，让我们在自己首先通过学习努力做一个知日派、知华派的同时，发挥我们的优势，抓住任何一个可能的机会，积极地向身边的人介绍一个真实的中国和一个真实的日本，让我们来带动更多的人来真正关注、理解、认识对方，并认真思考中日关系吧！

ベテラン通訳者 A：行動を起こしましょう！ただ話を伝えることだけに慢ずることなく、まずは自分たちが学んで、***<u>ちにひは、*知日派、</u>***あるいは知中派になるように努力しましょう。私たちの強みを活かして、あらゆる機会に、身近な人たちに真の中国、あるいは真の日本を紹介し、より多くの人たちが相手の国に関心をよせ、理解し、認識し、かつ真剣に中日関係のことを考えるようにリードしていきましょう！

老手译员在例 1 中原本想把「言葉」当作句子的一个成分，即从句的主语，因此在句中加入了助词「が」，但是，她紧接着意识到本句话拥有一个简单的主谓结构，所以对译词进行了修改，将「言葉が」改为「言葉なんですが」。老手译员在例 2 中的修正是对发音的纠错。

接下来看新手译员的表现。

例 3：

発言者:当然，这也离不开对本国历史、文化等各方面的学习，然而这个往往却是最容易被忽视的，人们往往会想当然地认为，对自己国家的情况很了解，不需要学习，其实这是大错特错。

ベテラン通訳者 A：もちろん、自国の歴史や文化などを学ぶこともと不可欠です。しかし往々にしてこの点がもっとも忘れられやすく、自国のことはよく知っており、学ぶ必要はないと思われがちです。しかしこれは大きな間違いです。

新米通訳者 B：もちろん祖国に対する勉強も不可欠です。しかし、これはよく無視されます。人々はよく自分が***<u>祖国に、*祖国を</u>***良く知っていると考えていますが、これは大間違いです。

新米通訳者 C:*自国、*本国*への歴史、文化の学習も必要となります。よくその自分の国の状況を*かんが、*勉強する必要が、*はない*と思う人がたくさんありますが、これは大間違いでした。

新米通訳者 D:*本国、*自国*の歴史文化などの*勉強が、*勉強も*必要です。このことも見逃しやすい点です。自国をよくわかると、*誤解し、*しやすい、*誤解しやすい*人も、たくさんいます。

新米通訳者 E:もちろんこれは自分の国の歴史、文化に対する*り、*理解*が欠かせないことです。しかし、これをよく*見逃さ、がさます*[13]。でも、一般人はよく*自分の、*自分が*自分の国のことをよく知っていると思いこんでいるが、大間違いです。

在对例 3 所示内容进行翻译时,老手译员没有出现口误,但是新手译员犯了不少错误并进行了多次修正。观察新手译员的译文可以发现,错误主要集中在语法错误上,可将之分为三类。第一种是对用词的修正,如「自国」和「本国」(译员 C、译员 D)、「考える」和「勉強する」(译员 C)。第二种是单纯的重说,如「誤解し*しやすい*誤解しやすい」「り、理解」(译员 D、译员 E)。第二种现象在译员 D 的整体翻译过程中都频繁出现(约 32 次)。通过译后访谈得知,这是译员 D 的一个无意识的翻译习惯。第三种则是几乎全体新手译员都有的问题,即对助词部分的修正,如「祖国に、祖国を」(译员 B)、「必要が、はない」(译员 C)、「勉強が、勉強も」(译员 D)、「自分の、自分が」(译员 E)。究其原因,一是新手译员的母语为汉语,在汉译日时,新手译员对外语的不熟悉就造成了用词上的犹豫及语法上的不准确;二是新手译员作为学生译员的“专业意识”不够,没有从听者的角度出发去考虑听者的感受,没有想到频繁修改会影响输出的效果。

(2)修补方面的特点。

相对于“纠错”,“修补”则重在对句子中表意不明的地方进行修补,或者是译员在译出之后对译文的不足之处进行补充。和“纠错”的区别在于,即使译员不对译文进行"修补"，该译文也没有语法等方面的错误。

在实验之前，笔者猜测老手译员的修补次数会明显少于新手译员，因为老手译员的经验丰富。但是，实验时笔者并未发现新老手译员在修补次数上的明显差异。由统计数据可知（见表2），老手译员修补了2次，新手译员D修补了4次，而新手译员F并没有进行修补，因此很难发现新老手译员在修补次数上的共性规律。但是，通过观察新老手译员修补的例子，笔者发现，老手译员更具听者导向意识，即允许译文中出现少量不重要的错误或信息遗漏，并且更关注宏观把握，即关注译文是否准确地传达了发言人的意思。但是，新手译员对细小的错误难以容忍，常常会对句子进行修补，而这一过程中出现的重说、"口水词"等，会使新手译员的译文听起来不够专业。

首先来看老手译员修补的例子。

例4：

発言者：被形容词化了的"阳光"一般用来形容心态乐观、积极、不阴郁的意思。比方说，人们就喜欢把那种性格开朗、积极向上的小伙子叫作*"阳光男孩"*。

ベテラン通訳者A：形容詞化した「日の光」は楽観的、積極的、明るいといった精神状態を形容します。例えば性格が明るくてファイトのある若者のことを*「日の光の男の子」、つまり「はつらつボーイ」などと呼ぶんです*。

例5（略）

对于例4中出现的"阳光男孩"，老手译员在翻译时先将其直译为「日の光の男の子」，然后，由于担心这个词不能很好地将"阳光男孩"的意思传递给听众，老手译员立即对这个词进行了修补，增添了「はつらつボーイ」这一日本听众耳熟能详的词。可以看出，老手译员会考虑其对中国流行词语或者有特色的词语的翻译是否能很好地让日本听众理解。对于听众不易理解的词语,老手译员会采取修补的方式,对译出的词语进行补充,以更好地传达原文的意思。

然后来看新手译员的例子。

例 6(略)

例 7:

発言者：我相信，当两国大多数国民都开始认识真相，都开始全面、理性思考的时候，都开始自发地为中日关系积蓄和传递正能量的时候，***我们离真正的友好会越来越近***。

ベテラン通訳者 A：両国の多くの国民が、真相を知り、包括的、理性的に考えはじめれば、自発的に中日関係のために「プラスのエネルギー」を蓄え、伝えることができるようになると思います。そして、***真の友好に近づく***ものと信じています。

新米通訳者 C：もし両国の国民が、真実を認識して、全面的に考えていく時、そして、中日関係のために、寄与していくときに、真の友好***が、近づ、*さらに近づいていく***と思います。

通过例子可以发现,新手译员会对自己认为不完美的地方进行修改,并且新手译员进行的修补大多是对形容词、副词的重说。

从例 7 来看,老手译员的翻译其实并没有译出中文原文中“当两国大多数国民都开始……,都开始……的时候,都开始……的时候”这几个明显具有并列关系的短句,而是将它们译为具有条件关系(「…ば…になる」)的长句,但老手译员并未对句意进行修改。这也许是因为老手译员考虑到这句话已经位于发言的末尾,且对全文影响不大,所以她允许了小瑕疵的出现。与此相对,新手译员 C 基于对中文母语的把握,其实已经很好地译出了对比关系,却没有意识到助词「が」的错误,而是纠结于没有译出“越来越”一词,改口对后者进行了补足,反而影响了整句的流畅度。

杨承淑、邓敏君(2011)指出“老手译员与新手译员在随机应变上的能力是有差距的,具体体现在老手译员会有自我监控能力,会对自己的错误进行掩饰乃至修补”。在本实验中也可以明显观察到这一点。老手译员更关注译文整体的连贯性,其修补通常是为了让听众更好地理解一句话的意思,具有明显的听者导向意识和较强的自我监控能力。相比之下,新手译员即使在初次翻译无误的情况下,也习惯对翻译中的修饰性内容缺失等小错误进行修改,而这会浪费同传的宝贵时间,造成漏译,同时影响翻译的整体流畅度。

由于译员D出现的修补情况较多,译后访谈时笔者就这一问题重点询问了新手译员D。译员D表示,之所以进行修改,并不是因为觉得第一遍翻译错了,而是因为觉得这句话自己会翻译,不甘心漏译了一个修饰语,为了充分展现自己的实力才进行修补,将第一遍没有译出来的词语再次翻译一遍。可以看出,新手译员对译文进行修补,是因为对自己的译出不满意。但是,当笔者询问这种做法是否可能带来过多的修补,而对输出以及同传的整体流畅度产生不太好的影响或者导致严重漏译时,新手译员D表示自己在口译时没有特别关注这些问题。

不过,即使在新手译员中,“纠错与修补”的出现也有一定的个体差异,它并不是在所有新手译员身上都普遍存在的问题。可以发现,新手译员B的翻译能力已经达到一定水准,在整个翻译过程中的纠错与修补次数很少。在对其进行译后访谈时,笔者了解到,译员B主要关注优先保证句子结构的完整性和译出率,认为改口一方面会打乱听众的思考节奏,另一方面可能使自己漏译接下来的内容,翻译的效果反而会下降。

2.译词选择

在译词选择上,新老手译员也存在一些规律性的倾向。

(1)外来语的使用倾向。

例 8:

発言者：可以说，流行语是社会生活的***晴雨表***。

ベテラン通訳者 A：つまり、流行語は社会生活の*バロメーター*とも言えるのです。

新米通訳者 B：流行語は社会生活の*バロメーター*とも言えます。

新米通訳者 C：流行語が社会生活の*パラメーター*とも言えます。

新米通訳者 D：流行語は社会生活の***指標***と言ってもいいです。

新米通訳者 E：流行語は社会生活の*バロメーター*とも言えます。

新米通訳者 F：すなわち、流行語は現在社会の*バロメーター*であります。

例 9:

発言者：由民间公益组织发起后席卷全国的***"光盘行动"***……[15]

ベテラン通訳者 A：それに、民間の公益団体が提唱し、全国的に広がっている***「食べ残しゼロ・キャンペーン」***など……

新米通訳者 B：民間組織によって発起され、全国に広がってきた***"光盘行动（guangpanxingdong）"、「完食キャンペーン」***……

新米通訳者 C：民間組織による***食べきる運動***……

新米通訳者 D：NPO が主催し全国を席巻する***光盤行動***（こうばん）……

新米通訳者 E：民間組織によって提唱されている***「完食キャンペーン」といった活動***……

新米通訳者 F：中国の NPO によって*はっき*される***「完食」活動***……

例 10、例 11(略)

除例 8 外，在例 9—例 11 中，亦可以看出老手译员比新手译员更愿意使用外来语。可以将新手译员对外来语的使用倾向分为以下三种情况：一是受之前交替传译训练的影响，二是受两国对外来语使用习惯的影响，三是受中日两国约定俗成的译法的影响。

例 8 中除了新手译员 D 使用了「指標」这个词，其他新老手译员都使用

了「バロメーター」这个词,这看似是一个巧合,但这其实与本实验两个月之前课堂上的交替传译训练有关。在课堂交传训练中,对于“晴雨表”一词,译员 B 用的是「風見鶏」,译员 C 用的是「パラメーター」(该同学虽然使用了外来语,但是因为没有牢固掌握单词所以说错了),译员 D 用的是「バロメーター」,译员 E 和 F 没能译出该词。由于教师在讲解时提到了「バロメーター」这个词,所以此次同传实践中,新手译员普遍采用了「バロメーター」的译法。

由例 9—例 11 可以看出,老手译员比新手译员更愿意选择外来语,笔者认为不同译员对外来语的使用在一定程度上受中日两国对外来语的接受度的影响。日语的平片假名都是表音文字,日本听众对外来语的接受度较高,再加上日本社会一直以来对外来语都持积极接受的态度,使得外来语早已成为日语的一部分,所以老手译员非常自然地使用了外来语。然而,本实验中新手译员的母语均为中文。中文汉字是表意文字,对外来语的吸收较为谨慎。在此环境中成长起来的中国新手译员在面临汉语词汇和外来语的两种日译表达的选择时,如果不是有特别大的把握,更倾向于选择汉语词汇。这一倾向在整个实验过程中均有所体现。此外,例 11 是对专有名词的翻译。在对专有名词的翻译上,译员会根据实际情况,灵活采用“约定俗成”的译法。

(2)有稿视译的影响。

例 12(略)

例 13:

発言者:这是我今天要谈***的最后一个问题***,口译人员的正能量。

ベテラン通訳者 A:つまり、今日申し上げる***最後の点***、通訳者のプラスのエネルギーです。

新米通訳者 C:今日の***最後の問題を、*課題を***話したいです。

此外，视译形式对译员译词选择的影响也不可忽略。本次口译实验是有稿同传，译员可以全程看稿，实验发现中文稿对译文的影响较大。在例13中，新手译员C看到中文之后直接将“问题”翻译成了「問題」，但是随后觉得「課題」更符合文义，所以进行了修改。

3.衔接方式

衔接方式指“译者对于自己的译语产出加以监控时，会对译语进行有意识的连贯衔接，包含增补主语、关系代名词或增加连词等方式，以达到指涉明确或逻辑连贯的效果”（杨承淑、邓敏君，2011）。

在没有特定的中文衔接词的情况下，实验发现，老手译员添加衔接词的次数多于新手译员。老手译员一共添加了4次衔接词，新手译员中只有译员B添加了1次衔接词。可见，新手译员整体上衔接意识较弱。

例14：

発言者：如果把我们的社会比作一辆疾驰的列车的话，那么“负能量”就如同劣质的汽油，会对列车造成致命的伤害，甚至引发故障而抛锚，“正能量”才是能够保障列车安全地驶向远方不可或缺的驱动力。

ベテラン通訳者A：私たちの社会を列車にたとえるなら、「マイナスのエネルギー」は、謂わば、質の悪い燃料のようなもので、列車に致命的な障碍をもたらし、列車が故障して止まってしまうことすらあります。<u>*一方、*</u>「プラスのエネルギー」は、列車を遥か遠くまで安全に走らせるのに不可欠な力であるといえましょう。

新米通訳者D：私たちの社会を汽車にたとえれば、マイナスエネルギーは<u>*悪い、*質の悪い*</u>燃料のように、汽車には致命的なダメージを与えます。<u>【 】</u>プラスエネルギーは欠かせない<u>*原動りょう、*原動力*</u>です。

例15（略）

以例14中的句子为例，老手译员在两个完整的句子之间添加了衔接词「一方」，以明确句子之间的对比关系。与此相对，新手译员除了译员B外，其他人均未在口译时特意添加衔接词。总体说来，新手译员的翻译基本准确，但是因为句中没有衔接词，上下文句子间的逻辑关系有时不够清晰。

究其原因，一是受译者母语的影响。中文侧重“意合”，逻辑关系需要根据上下文内容判断把握。日文侧重“形合”，逻辑关系需要体现得比较明显。以日语为母语的老手译员会在日语译文中有意识地增加接续成分，而新手译员受中文母语的影响，在译文中添加接续成分的意识相对弱，所以往往还做不到这一点。

二是受同传的时间限制的影响。如前所述，译员在进行中译日时如果逐字逐句地翻译所有信息，其日文译文就会比中文原文长很多。明示逻辑关系，意味着在此基础上还要增加内容。为了解决这个矛盾，有经验的译员不会简单地对句子进行“加译”或“明示化”，而是在明示逻辑关系的同时对原句其他内容进行“凝缩化”处理，即“有意识、有判断地对原文结构和信息的主要内容进行聚焦和凝缩，对次要内容进行缩小或省略”（路邈、孙莹，2017）。由于有时间限制，新手译员基本着力于译出所有信息，很难瞬时对新旧信息加以判断，也没有余力监控及解决译文中的逻辑衔接问题。

（三）新手译员和老手译员在副语言信息处理上的差异

副语言信息与语言信息相对，是与词汇和语法层面平行的、信号层面的非语言的话语信息。副语言信息包括音高、音调等的变化，口头或者身体语言等。在本实验中，因为新手译员主要在“口水词”和非流利停顿方面和老手译员有较大差异，所以下文将从“口水词”和“停顿”两方面来进行探讨。

1.“口水词”

从前述表2可以看出，和老手译员的译文相比，新手译员的同传译文中常常出现「え」「うん」「ああ」等“口水词”。“口水词”产生的原因一是译者自身的语言习惯；二是译者未能马上想出对应的译文，所以在思考时添加“口水词”。

这些"口水词"往往不容易被译员注意到,他们通常是在译后进行音频回放时才发现这个问题的。接下来对比一下新老手译员的表现。

例 16、例 17(略)

例 18:

発言者:其次,关于理性判断。在媒体不断走向商业化的今天,为消费公众情绪而肆意扩大中日关系裂痕的报道不在少数。

ベテラン通訳者 A:次は理性的な判断です。メディアが商業化するなか、大衆の感情を弄ぶように、中日関係の軋轢をいたずらに増幅するような報道は少なくありません。

新米通訳者 C:次に理性のある判断*です、*についてです*。メディアは、中日関係の不足を誇張化する記事が多くなりました。そして情報ビッグバンによって我々は、*(え)*、偽りの情報に触れる可能性がより多くなりました。

新米通訳者 D:次に、理性的な判断です。メディアのビジネス化により、中日関係をわざわざ*悪く方向*で報道するメディアは、*(え)*、数少なくありません。

新米通訳者 F:また冷静的に判断します。メディアは現在*ビジネス化*、消費は、*(その)*、中日の*劣化の報道が表しています。*

老手译员的译文中全程没有出现明显的"口水词"。新手译员使用"口水词"的次数则明显更多,而且因为常伴有磕巴、停顿等,严重影响了译文的流畅度。此外,译员的"口水词"使用习惯各有不同,对「え」「えっと」「あ」「あのう」等"口水词"的使用因人而异。

之所以使用"口水词",主要是因为译者的语言习惯。笔者在译后回顾时,重点对使用"口水词"较多的译员 C、译员 D、译员 F 进行了回访。发言人的发言原文仅约 70 句,而在译员 C、译员 D、译员 F 的译文中,出现了 20—30 次的"口水词"。3 位新手译员表示,即使不在进行翻译,自己平时进行日语表达时也总会在句中掺杂一些"口水词",自己一般不会注意到它们,只有通过回放录音才能发现这个问题。与此相比，译员B、译员E较少使用“口水词”。两名译员表示，由于此前他们在个人练习时注意到了“口水词”的问题，所以在本次实验中有意识地控制了自己。此外，译员C、译员D、译员F还表示，当自己没有理解原文或者不知道该怎么翻译时，常常不自觉地说一些“口水词”来代替停顿。

2.停顿位置及特征

一般情况下，停顿决定了口语表达的流利程度。在口译活动中，停顿受很多其他因素的影响，比如语言因素，译员对词语的选择、对语序的调整都会花费时间。此外，非语言因素也不可忽略，比如译员的心理状态、身体状态、情绪等都会对口译的流利程度产生影响。

关于停顿多久算停顿，在口译中没有统一的界定。哈格里夫（Hargrove）和麦克卡尔（McCarr）认为，所谓停顿指的是在200毫秒至270毫秒间处于无声的状态。劳帕赫（Raupach）提出，在句内或者句子间出现的0.3秒及更长的时间间隔可被定为停顿。伍德（Wood）认为，标记分句或者在句子边界出现的流利停顿一般在2秒之内，超过2秒的停顿即应被认为是非流利停顿。总体来说，在口译过程中多久的停顿可以被认定为流利停顿这一问题上，大部分研究同意以2秒为界定值，因此本实验报告也以2秒为停顿的界定值。

在本次实验中，停顿现象主要发生在两个句子之间或句子内部。通过时间轴可以明显观察到不同译员停顿的位置。

例 19:

0:12 0:13 0:14 0.15 0.16 0:17 0:18 0:19

発言者: 流行语 诠 释 了 人 们 对 当 前 社 会 实 态 的 认 知 和 未 来 生 活 的 憧 憬。

ベテラン通訳者 A: 流行語は 現在の社会の実態への 認知度や 未来の暮らしへの

新米通訳者 B: 流行語は 人々が今 社会に対する認識と 未来への↵

新米通訳者 C: 流行語は 人々の 今の社会の現状への 認識と 未来生活への

新米通訳者 D: 流行語は 人々の 今の社会実態への 認識と 未来の生活への

新米通訳者 E: 流行語は 人々の 生活への認識、 また、 未来への

新米通訳者 F: 流行語は 現在人の 社会への 認識 や 未来の 生活へ

0:20 0:21 0:22 0.23 0.24 0:25 0:26 0:27

発言者: 可 以 说, 流 行 语 是 社 会 生 活 的 晴 雨 表。

ベテラン通訳者 A: 憧れを物語っています。つまり 流行語は 社会生活の バロメーター といえるもので

新米通訳者 B: す。

新米通訳者 C: 憧れを 表しています。 流行語は 社会生活の バロメーターとも言えます。

新米通訳者 D: 憧れを 表しています。 流行語が 社会生活の パラメーターとも言えます。

新米通訳者 E: 憧れを 反映しています。 流行語は 社会生活の 指標といってもいいです。

新米通訳者 F: 憧れを 表します。 流行語は 社会生活の バロメーターとも言えます。

从上例中文原稿和6位译员的日语译文中可以看出,发言人的发言非常连贯,仅在两个句子的边界,即“憧憬”和“可以说”之间出现了2秒的停顿。与此相对,6位译员在口译过程中都出现了多次停顿,其停顿的位置及特点可以具体分为以下几种情况。

(1)两个句子之间的停顿。

在例19中,老手译员在两个句子之间的停顿不明显。虽然发言人在这里出现了2秒的停顿,但是老手译员通过添加副词「つまり」,不仅将上下文从逻辑上联系了起来,也有效地填补了因发言人停顿而留下的时间空白。与此相对,学生译员由于缺乏添加衔接词的意识,都相应出现了停顿。不过这些停顿都只出现了1—2秒,属于正常停顿。这些位于两个句子之间的停顿可以给听者一定的休息时间,不会使得翻译听起来很仓促,也能帮助后续译文加强语气。

纵观实验全程,出现在发言人发言中的两个句子之间的停顿,在新老手译员的译文中基本也都存在,且均只出现1—2秒,属于“标记分句或者在句子边

界出现的流利停顿”。本文在此不再赘述。

(2)句子内部的、位于修饰语与中心词之间的停顿。

在例19中，中文原文中的“(当前社会时态的)认知”“(未来生活的)憧憬”“(社会生活的)晴雨表”均体现了修饰语(括号内为修饰语)与中心词之间的关系。从译文看，在翻译这一类词时，译员也会出现停顿，但均在1—2秒以内，属于正常停顿。这主要是因为同声传译遵循着顺句驱动的原则。同传时，翻译是与源语发言人的发言近乎同步进行的，翻译活动必须在源语发言人讲话结束的瞬间(或同时)进行，但由于修饰语和中心语之间存在时间差，因此，对其进行翻译时会出现修饰语与中心词之间有停顿的现象。

这一类“位于修饰语与中心词之间的停顿”在本次实验中出现频率较高，分为2秒以内的流利停顿和超出2秒的非流利停顿。其中，老手译员的停顿均为流利停顿，新手译员超过2秒的停顿次数各有差异，新手译员B有6次，译员C有9次，译员D有7次，译员E有7次，译员F有5次。

此外，笔者观察到一个有意思的现象，并不能简单地将译文“停顿少”等同于译文“流利”。有的学生译员在碰到不会翻译的词时，尤其是在思考如何翻译关键的中心词时，为了避免出现过长的停顿，常常会下意识地使用“口水词”或重复前面的词，整体来看仍然影响了译出的效果。

(3)句子内部的、位于主题和谓语句之间的停顿。

在例19中，中文原文中的两处“流行语”属于主题词，“诠释了认知和憧憬”以及“是晴雨表”则属于谓语句。在翻译该句时，无论是老手译员还是新手译员均出现了停顿。这主要是基于语言因素或为了调整语序。中日文的结构不同，中文的谓语动词在前面，而日语的谓语在后面，因此译员在听到中文谓语之后，往往不会马上翻译，而是在大脑中保留该信息，先译出其他内容，后译出谓语，因此在译完主题词后，一般都会停顿。但是，这一停顿的时间不长，通常不到2秒。这一现象在新老手译员的翻译中都比较常见,属于正常的停顿。

(4)句子内部的、动词和宾语之间的停顿。

与上述情况类似的还有“动词和宾语之间的停顿”。其中,新手译员B共停顿了10次,译员C8次,译员D7次,译员E5次,译员F4次。接下来,同样以时间轴形式列出例20的中文原文及新老手译员的译文。

例20:

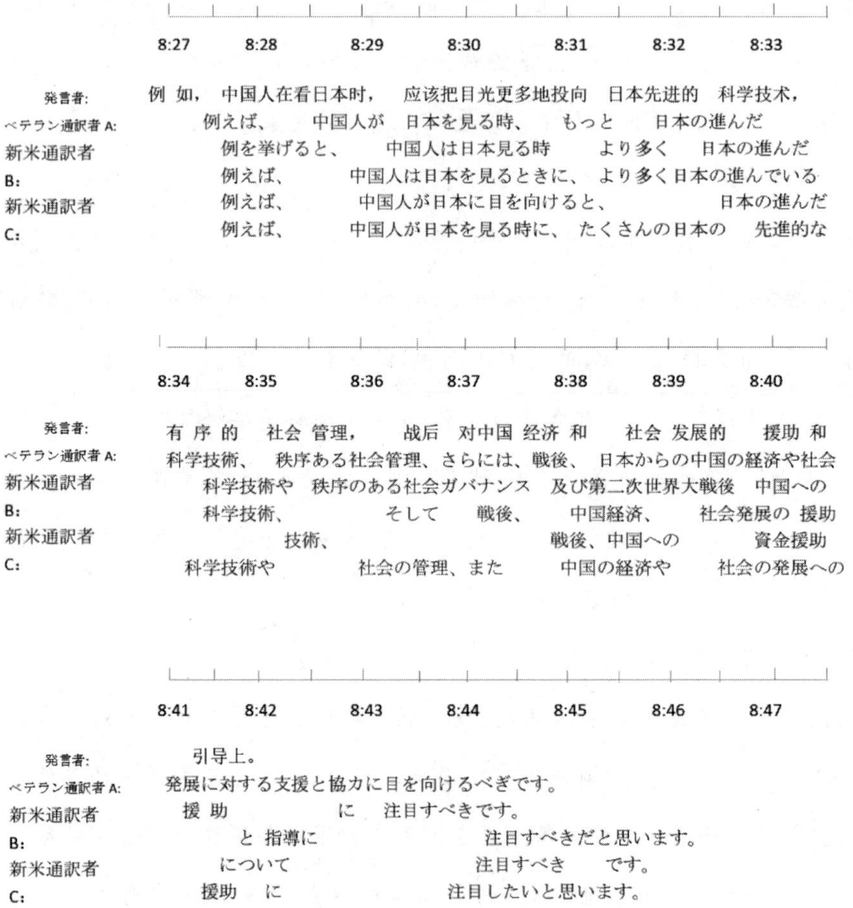

在对例20动宾结构的“投向……上”进行口译时,两名新手译员出现了明

显的不当停顿。这种不当表现在，发言人原句的动宾结构之间并没有停顿，老手译员也是一气呵成地将之译出，而两名新手译员在已经译出的宾语部分和后续的动词之间出现了超过2秒的停顿。

一般来说，动词是非常重要的内容，而且日语中的宾语和动词之间的联系比较紧密。因此，如果译者在说完「を」之后出现较长时间的停顿(超过2秒)，会给听者带来一定的困扰。

之所以存在上述不当停顿，笔者认为有几个原因：一是例20的中文原句在动词和宾语之间虽然没有停顿，但是句子较长，且宾语为多个并列的、带有修饰成分的名词。译后访谈表明，新手译员往往需要在说完最后一个名词之后，回忆发言人之前使用的是哪个中文动词。由于新手译员缺乏这方面的意识与经验，因此他们的停顿时间普遍长于老手译员。二是即使本实验采取了有稿同传的方式，然而由于学生译员对日语的动宾搭配不够熟悉，或者不能把握相似词语的具体使用语境，往往会在选择译词时产生迟疑，造成动宾词语之间的停顿。

结语

本报告通过对5名新手译员进行有稿同传实验，将他们的译文与1名老手译员的口译语料进行对比，对“两者在语言信息及副语言信息处理上的差异”这一假设进行了观察和验证，结果如下。

一、信息处理差异中的整体倾向及个体差异

①在纠错与修补方面，新手译员对译文进行纠错与修补的次数明显多于老手译员。老手译员修补很少，且具有明显的听者导向意识，其修补主要是为了纠正个别发音错误或为了使译文的意思更完整，更有助于听者理解，可被认为是“必要的”修补。新手译员则会因为语法不通、词汇不熟、口误等问题对译文进行修改，即使他们犯的一些错误不会影响文意传达，新手译员也会不断修

改句子以求完美。因此,新手译员有时会"因小失大",纠正了小的错误,却忽视了更明显的误译,也影响了目的语产出的流畅度。此外,新手译员之间存在个体差异,不同译员对语言的掌握及口语习惯的不同,会使新手译员之间的表现有所不同,主要体现在纠错的频度等方面。

②在新老手译员对"衔接词"的使用方面,实验再次验证老手译员会有意识地增补主语、连接词、代词等,使译文逻辑更为清晰;而新手译员的衔接意识较弱,并不经常使用衔接词。

③在译词选择方面,实验表明老手译员在选词上比新手译员更果断,而新手译员会出现犹豫的情况。此外,在本实验中,如果同时存在外来语和汉语词汇的译词,母语为日语的老手译员倾向使用外来语,而母语为汉语的新手译员倾向直接使用汉语词汇。

④在"口水词"方面,与实验前预测相同,相较于老手译员,新手译员在翻译过程中会使用较多的"口水词"。虽然使用频率因人而异,但新手译员的"口水词"使用频率整体明显高于老手译员。

⑤在停顿位置及特征方面,实验前笔者预测新手译员的停顿会远多于老手译员,但实验表明,停顿现象普遍存在于老手和新手译员中,需要先将之分为"流利停顿"和"非流利停顿"再加以分析。新老手译员在"两个句子之间",句子内部的"修饰语和中心词"之间、"主题与谓语句"之间都会出现停顿,这主要是基于同声传译的顺句驱动原则以及语序调整的需要,这种停顿一般出现1—2秒。在句子内部的"动词和宾语"之间,新手译员容易停顿超过2秒(不当停顿),而老手译员非常娴熟,几乎不会停顿。

二、原因分析及对策

①在纠错与修补方面,实验结果与假设一致。究其原因,一是新手译员在翻译过程中并没有意识到自己在不断进行修改,没有注意到译出效果。二是

在汉译日时,新手译员对于词汇、语法等的掌握和使用没有以日语为母语的老手译员熟练,因此他们会不断对错误进行修改。

作为对策,积极进行译后回顾是一个有效措施。新手译员应对自己的同传音频进行“忠实”的文字化,从听者的角度出发,归纳自己重说、不断修正的地方主要集中在哪些方面,并在以后有效地规避之。此外,在平时训练时,新手译员不但要准确掌握单词意思,还要积累词组搭配和惯用表现,以求在同传过程中尽可能一次性地准确译出。

②在衔接方式方面,新老手译员的差异主要是源于各自母语的影响。中文侧重“意合”,逻辑关系需要根据内容判断把握。日文侧重“形合”,逻辑关系需要体现得比较明显。老手译员作为以日语为母语的译员,在中译日过程中会很自然地进行衔接词增补;而以中文为母语的新手译员,在同传时间有限的情况下,往往没有余力去进行衔接词的增补。

Hoffman 引用 Moser—Mercer 的研究指出:“老手译员和口译教师称,他们可以‘听到’语篇内的逻辑关系;而在把连续语篇内不同部分的信息联系起来时,新手译员似乎有一定困难。”Hoffman 等亦表示,“专家的杰出表现是长时间实践的结果”。作为对策,对于新手译员来说,除了在课堂和课后积极训练外,还要有意识地去参与口译实践或者进行模拟口译实践,在实践中锻炼技能。口译时,新手译员要有意识地加强自己对原文逻辑的理解,可以在阅读文章后用自己的话对其进行转述、把握逻辑关系,或者两人为一组进行训练,互相检查能否在口译时逻辑清晰地进行表述。

③新老手译员在译词选择上的不同,原因之一和译员的母语有关。因为日语里的平片假名作为表音文字,一直具有较容易吸收外来语的“特质”,所以日本老手译员在翻译时倾向于选择外来语,而受汉字影响的中国新手译员在翻译时更倾向于选择汉语词汇。原因之二和译员的国籍、母语及立场有关。

作为对策，建议在平时多听、多看、多读日语文章及新闻，熟悉各自语言中“地道”的以及“约定俗成”的表达，进行积累，学以致用。还可以在平时的练习中有意使用和语、外来语来代替比较难懂的汉语词汇。这里尤其注意要带着“发现”的眼光去看问题，有自己的独立思考，不能人云亦云。新手译员不仅要了解日本媒体产制的日语新闻，更要关注中国主流媒体如人民网、新华网以及CRI产制的日语新闻，关注并思考“新词”“热词”“关键词”在中文和日文中的异同，才能保证翻译时能基于正确的立场准确进行翻译。

④关于使用“口水词”这一现象出现的原因，笔者在对译员进行译后访谈时发现，“口水词”的出现大多和新手译员平时的语言习惯有关；也有译员因为不知道如何翻译而紧张，不想停顿，所以使用“口水词”。「え」「えっと」「ああ」「あのう」「その」都是译员在翻译过程中习惯使用的“口水词”，虽然具体情况因人而异，但是译员均表示自己在翻译过程中并没有注意到，而是事后回放录音的时候才发现自己使用了“口水词”。因此，为了降低“口水词”出现的频率，可以在平时训练时对自己的音频时时检查，或对其进行文字化以便总结和反思，并在下次口译时有意识地改正和避免这个问题。

⑤针对停顿这一问题，应首先明确其是流利停顿还是非流利停顿。很多停顿是基于顺句驱动和为了满足语序调整需要而出现的正常停顿，不必过于纠结。有些新手译员将实现流畅的口译简单地等同于不出现过长的停顿，因此一旦碰到自己不会翻译或需要思考的内容时，就会下意识地在句中加入“口水词”或者重复之前说过的词，然而这样做反而会使听众产生厌烦情绪，或者对口译结果产生不信任之感。有的新手译员虽然没有停顿超过2秒，但在句子中多次停顿，也会造成译文断断续续，给听者带来困扰。解决这一问题的根本方法就是夯实日语基础，有意识地进行词语以及词组的积累，积累对同一中文意思的不同日文表达，掌握惯用表达就可以做到在口译时“脱口而出”。

综上所述,本文对5名新手译员完成的中译日有稿同传实验结果进行了分析,并将其译文与1名老手译员的现场音频译文进行了对比,主要分析了新老手译员在信息处理方面的差异,观察了其中的个性与共性差异,旨在针对新手译员的口译水平提升和口译训练提出可行性建议。

由于笔者能力有限,本研究还有许多不足之处,尚有未尽的课题需要进一步探索。首先,老手译员之间也会因为国籍、从事口译工作时长的不同而有差异,但是笔者本次只获取了一位老手译员的口译现场音频,未能对老手译员进行对比研究。其次,在新手译员的选取方面,笔者只选择了MTI口译方向学生中通过了CATTI三口考试(截至实验时)的5位学生作为新手译员参与实验,其共性特征较为明显,而关于其个体差异的研究还有待深入。笔者目前正在对新手译员采取上述训练方法后的训练成果进行跟踪研究,其中,对新手译员B使用其他文本进行口译实验的结果显示,其在同声传译时的停顿频率大幅降低,译文极为流畅,但在对其他几位译员进行口译实验时暂未观察到明显的变化。笔者今后也将对上述课题持续关注,进行更为深入的研究。

第六章　翻译项目五：手游本地化与翻译

——以手机游戏翻译项目为例

第一节　背景介绍

2000年以后，随着互联网的普及，网络游戏迅速崛起。2001年，盛大网络引进的《传奇》成为现象级产品，标志着中国网络游戏行业的起步。“免费游戏＋内购”的商业模式逐渐成为主流，改变了游戏产业的收入模式，用户快速增长。此后，随着智能手机的普及，移动游戏成为主流。2013年，腾讯的《王者荣耀》等游戏带动了移动游戏市场的快速发展，中国游戏企业开始在全球市场上崭露头角。现在，VR、AR、AI等新技术正在被越来越多地应用于游戏开发和运营，游戏类型和题材也更加精品化和多元化。2023年，中国游戏市场实际销售收入为3029.64亿元，首次突破了3000亿关口。可以说，游戏产业已成为我国互联网产业的重要组成部分，推动着国内数字文娱产业稳步增长。

不过，我们也可以看到，尽管游戏市场规模庞大，但其近几年的增长速度有所变慢。究其原因,在于近年来助力中国游戏产业早期快速增长的人口红利逐渐枯竭,新用户增长的空间有限,还有"宅经济"的刺激效应有所减弱等因素的影响。因此,游戏市场容量趋于饱和,游戏公司和产品的竞争越来越激烈。在这一背景下,面对产业成熟稳定期的到来,越来越多的中国游戏公司选择将原创游戏销往海外,向外寻找新的增长点,拓展国际市场。全球化游戏市场的开拓与发展,使得游戏本地化的需求也如雨后春笋般冒芽。

游戏本地化是一个复杂且多元的过程,不仅包括语言翻译,还涉及文化、技术和市场等多方面的内容。语言方面除了文本翻译外,还包括语音翻译、字幕翻译等。在进行翻译时,需要注意尊重文化层面的差异、遵守对象国的法律法规和道德规范,调整游戏内容以使其符合目标市场的文化习惯和价值观,还必须考虑不同文化背景下的幽默感、成语和其他俗语的使用习惯等因素。这都对译员提出了很高的要求,可以说既为译员提供了机遇,也是一个巨大的挑战。

第二节 手游翻译项目概况

北京第二外国语学院日语学院 MTI 学生近年来承担了多项游戏项目的本地化工作。2017 年以前，学生承担的游戏翻译项目多为对日本本土游戏的汉译；2017 年以后，越来越多的游戏翻译项目为中译日项目，除了承担翻译工作外，很多 MTI 学生还开始担任审校及项目经理。本节将以 2018 级 MTI 学生于 2019 年参与的某大型游戏公司制作的国产手游翻译项目为例，分“项目翻译”“项目审校”“项目经理”三个模块进行介绍。

一、项目翻译

手游翻译项目于 2018 年 12 月至 2019 年 12 月进行，翻译对象为某国产游戏的所有游戏相关文本，包括游戏内系统提示文本、道具技能说明文本、剧情文本，以及游戏外的游戏 PR 稿、玩家社区（如推特）上的推文等，字数约为 100 万字，翻译方向为中译日。

在项目工期不紧急的情况下，为了保证译文风格和术语统一，游戏公司一般会选择尽可能少的译员参与项目。在本次翻译项目中，由北二外日语学院的 8 名 MTI 学生组成的团队参与了翻译工作，其中审校（兼项目经理）1 人，翻译 7 人。翻译的工作量为每日平均 6000 字，最高达到 1 万字。

按照游戏公司要求，所有参与项目的学生均需要具备游戏和游戏翻译经验，以及基本的 CAT 工具操作知识。在译前准备阶段，首先由项目经理将文件导入 CAT 工具，根据译员人数分割文件。译员则需要体验相关游戏，熟悉同类型游戏的玩法并学习游戏术语，再进入翻译→审校→整理术语表→QA

(品质保证)的流程。

游戏翻译对于不同文本有着不同的质量要求。在翻译剧情文本时切忌直译,遇到网络上的梗不可硬翻,可以考虑将其替换成类似的本土常用梗,或者直接将其删掉。对于非剧情文本则需要确保翻译的准确性,严格参照术语库和记忆库(见图 6-1)进行翻译,以保证用词统一、语言简洁、逻辑通顺。此外,游戏翻译必须严守保密性要求,对于未上线的文本必须始终保密,不可外泄。

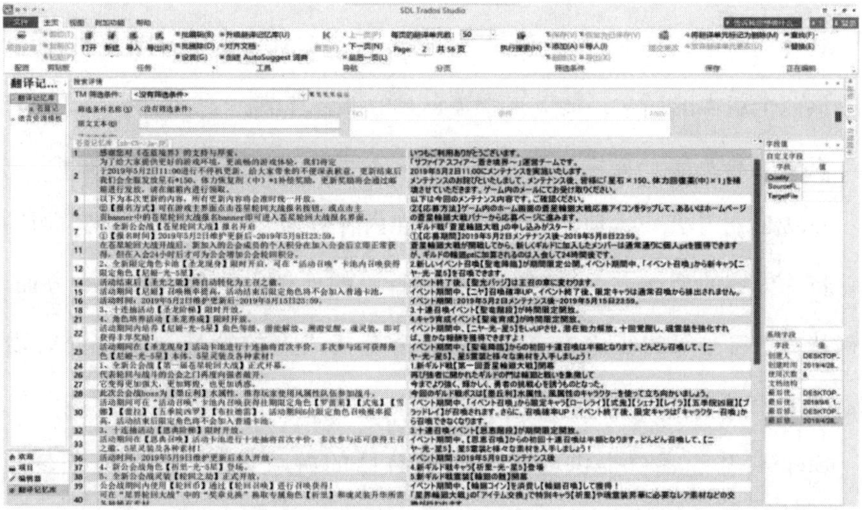

图 6-1 该手游汉译日项目的部分记忆库内容(已解密)

二、项目审校

在本次项目中,一位具有出色的中日双语能力以及丰富的游戏翻译经验的 MTI 同学承担了项目审校工作,其主要工作是审校那些对语言能力要求高的剧情内容,并保证技能和活动描述的准确性。

项目审校主要在 CAT 工具上进行。将文本导入游戏包体,进行本地化校验的过程,被业内称作“LQA”,这个步骤一般由游戏项目组内部工作人员进行,有时也被外包给专业的测试团队进行。审校的要点包括:是否有语言上的错误,翻译是否地道,是否存在错译、漏译和超框问题。

三、项目经理

在本次项目翻译实践中,负责项目审校的 MTI 学生同时担任了项目经理,并在毕业后顺利入职大型游戏公司,正式承担项目管理工作。项目经理的工作内容可以被更加明确地细分为译前、译中、译后三个阶段。

在译前阶段,首先需要进行试译。试译文字量通常为 500 字左右,团队需要提供两个版本的译文。接下来就是正式的准备环节。

Step 1:根据客户提供的翻译文本或文本字数,制定项目工期及报价。

Step 2:召开客户本地化方向会议。在内容方面,需要进行风格意向调查,确认特殊内容的翻译方式,例如诗词、流行语的处理方式等。在格式方面,需要确认标点符号等的使用方式,以及是否有格式上的特殊要求。同时需要确认是否有指定的 CAT 工具。

Step 3:基于客户提供的资料以及自己的游戏体验,整理制作参考资料,包括术语表、风格指南等。

Step 4:需求文件整理。主要指根据文本的 ID 将文本进行归类,以便按文本类型来分配译员,有利于保证译员作业的连贯性。

Step 5:项目人员选定(试译测试)。

Step 6:召开内部启动会。

在译中阶段,项目经理的工作包括:与客户保持沟通,同步客户的新需求和质量反馈(大多通过答疑表);进行译员的翻译任务分配、及时提供校对反馈(通过校对质量评估报告)、不断优化译文质量;管理和维护 TB(term base,术语库)、TM(term memory,翻译记忆库),主要指及时更新 TB,以及根据客户反馈的内容及时更新 TM。

在译后阶段，项目经理还需要进行项目语言资产的整理，召开内部总结会议（译员评级及项目完成情况的评估总结），复盘 PM 的项目（在项目出现问题的情况下）以及跟进客户反馈的意见是否得到妥善处理。

第三节　高校 MTI 本地化翻译人才培养探索

游戏翻译是游戏本地化中的一个重要环节,也是影响游戏本地化质量最为重要的因素之一。不过,翻译和本地化并不对等,翻译仅是本地化过程中的一部分。中国翻译协会将本地化定义为“将一个产品按特定国家、地区或语言市场的需要进行加工,使之满足特定市场上的用户对语言和文化的特殊要求的生产活动”①。从这个意义上说,本地化翻译更注重内容在不同文化和市场环境中的适应性,涉及语言、文化、技术和用户体验等多个方面的调整和优化。

本地化翻译在对象、工作内容、形式上与传统翻译有着很大的区别。首先,从对象上看,传统翻译的对象多为静态的语言文本,例如文学作品、学术文献、法律文件、商业文档、新闻等。本地化翻译的对象则多为动态的多媒体内容,例如软件和应用程序、网站、动画、视频、游戏、广告等。这些内容经常处于不断更新之中,呈现着碎片化和结构化的特征。

其次,从工作内容上看,传统翻译主要关注如何精准地把文本从一种语言转换为另一种语言,译员需要尽可能保持原文的风格和特点,理解并翻译其中与文化背景相关的内容,而本地化翻译更复杂。在翻译的深度上,本地化翻译不仅需要关注语义和语法,还需要深度理解目标文化和用户习惯,进行内容的再创造。此外,本地化翻译经常需要进行技术调整及多媒体处理,因此译员需要掌握一定的技术知识,能熟练使用本地化工具和软件(如 CAT

① 中国翻译协会.中国语言服务行业规范——本地化业务基本术语 行业规范:ZYF 001—2011[S].北京:中国翻译协会,2011:2.

工具、版本控制系统等)。

最后,从工作形式上看,传统翻译多为“一匹狼”式的单打独斗,而本地化翻译的项目复杂度高,通常以团队形式进行,团队人员有翻译、审校、技术、文化顾问、项目经理等,需要多方协作及严格的项目管理。

伴随全球化的进程,当今时代本地化及翻译本地化产业已经开始蓬勃发展,甚至成为语言服务行业的未来趋势。这也使得企业及市场对译员的需求发生了显著变化,对“语言型人才”的需求转为对具有语言文化知识、专业技能、项目管理和质量控制等各方面综合素质的“复合型人才”的需求,高校尤其是开设 MTI 专业硕士方向的院校在培养本地化人才方面承担着相当重要的任务。

欧美高校为解决本地化人才稀缺的问题,采取了多种策略和措施,结合语言学、计算机科学、商业和文化研究等学科,提供了全面的本地化教育。例如,笔者在 2019 年赴美国蒙特雷国际研究院考察(见图 6-2)时了解到,其本地化人才培养体系已经较为完善,相关课程包括“本地化项目管理”“软件与游戏本地化”“网站本地化”“多媒体本地化”“翻译编辑”“术语管理”,还开设了 CAT 技术课程。此外,国外高校的本地化教学均以就业为导向,高度重视与本地化行业的联系。例如,蒙特雷国际研究院与硅谷的本地化公司、技术公司合作,邀请行业专家和从业者作为客座讲师授课,开设专题研讨会和讲座,分享最新的行业趋势和技术。同时,利用校友网络,通过校友推荐和指导,输送优秀学生进入企业进行相关实习实践,帮助学生进入行业。还有欧美高校设立了专门的本地化研究中心,进行前沿研究,推动本地化技术发展和方法创新,并鼓励学生参与研究项目以提升他们的研究能力、锻炼创新思维。

与欧美高校相比,国内高校在本地化翻译人才培养方面虽然起步较晚,

图 6-2　日语学院教师赴美国蒙特雷国际研究院调研

但是一些有条件的高校已经开始有意识地将“本地化”方向纳入本科翻译专业及 MTI 教学中，翻译技术类课程包括“计算机辅助翻译”“本地化行业概况”“翻译项目管理”“本地化项目管理”“翻译与本地化技术原理”“语言计算与信息检索”等。这些知识与技能在当今时代尤为必要，是学生进入本地化翻译行业的“敲门砖”。

鉴于国内高校外语专业翻译方向的教师在计算机软件和电子信息技术应用方面普遍存在不足，很多专家都指出，除了教授“计算机辅助课程”的教师外，翻译方向的教师也需要努力做到全员“懂 CAT、用 CAT”，积极弥补特定行业专业知识的缺失，进行跨学科合作。

放眼未来，我们还需要跳出仅开设一门课程的框架，丰富本地化教学内容，实现课程的多元化以及由浅到深的系统化教学。高校可以与相关用人单位、语言服务企业进行合作，例如，邀请本地化行业专家入校举办讲座(见图 6-3)、进行培训(见图 6-4)，为未来有志于从事本地化翻译工作的学生带来前沿行业资讯以及实际就业指导。

图 6-3　2021 年 11 月北京外国语大学王华树副教授为北二外日语学院师生举办翻译技术讲座

图 6-4　2023 年 11 月山东师范大学徐彬教授为北二外日语学院师生进行 CAT 技术培训

同时，可以组织学生进入本地化企业实习、亲历本地化项目。通过整合校企资源，建立校企合作长效机制，可以提供紧跟市场需求的培训（见图 6-5、图 6-6），为高校更好地开展教学及帮助学生就业以及用人单位遴选翻译人才提供便利。

图 6-5　2023 年 11 月北二外日语学院举办的“大语言模型背景下的翻译实践与翻译教育模式创新校企沙龙”

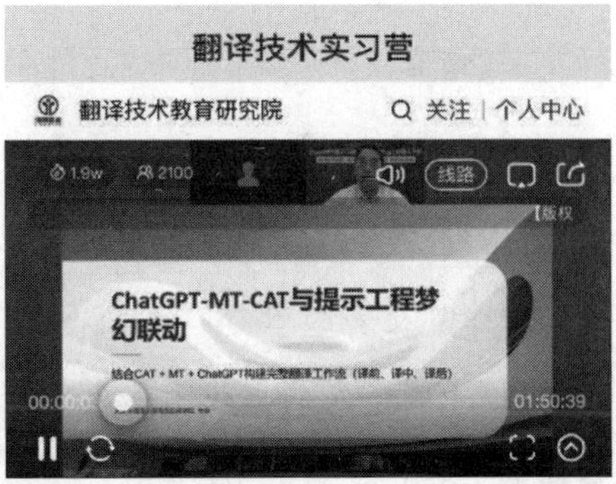

图 6-6　2024 年 1 月北二外日语学院学生参加博硕星睿翻译技术教育研究院举办的 2024 翻译技术实习营

第四节　基于手游翻译项目的优秀翻译案例分析报告分享

本部分将选取参与“游戏出海”——国产手游本地化项目的同学所撰写的翻译案例分析报告进行分享。[①]

日文题目：モバイルゲーム「サファイア・スフィア～蒼き境界～」の翻訳実践レポート

——人物像の表出と役割語の活用を中心に

中文题目：手游《苍蓝境界》的中译日实践报告

——人物形象的描写与角色语的运用

论文作者：赖荣鸿

一、绪言

近年来，中国手游市场发展迅速，据统计，仅 2020 年 9 月，包括腾讯、网易等游戏巨头在内的中国 30 家手游发行商在全球的收入就有 19.2 亿美元，占当期全球手游总收入的 28.8%。在各大游戏公司纷纷进军海外市场这一背景下，中国游戏的海外本土化项目越来越多，游戏文本翻译的重要性也日益凸显。

笔者自 2018 年 12 月至 2019 年 11 月受中国游戏公司委托，参与了手游

① 可在知网及北二外学位论文库中检索到本翻译案例分析报告的日文版。为了方便阅读，本书收录的内容已被译为中文。此外，由于篇幅所限，笔者去掉了报告的附录、脚注、参考文献等信息，对例句等内容进行了适度删减。

《苍蓝境界》的海外本地化工作；该手游的日语名称为「サファイア・スフィア～蒼き境界～」，是一款以架空世界为背景的角色扮演游戏，集丰富剧情、角色养成、策略战斗、团队战斗等多种要素于一体。为了让该手游进军日本市场，必须面向日本玩家将游戏内容译为日语，即进行日语本地化工作。该游戏文本主要分为剧情文本、系统术语、玩家交互文本和游戏外文本。笔者主要负责的工作是剧本翻译及一审校对，上述内容约20万字，目前已经全部嵌入游戏。

笔者在翻译游戏剧本及审校时注意到，在将中文原文中频繁出现的"我""你"等人称代词译为日语时，需要根据不同角色的不同特点，区别使用「わし」「私」「ボク」以及「あなた」「キミ」「おまえ」等；游戏翻译注重句末表现，生动有趣的表达有助于塑造角色个性，充分体现剧情在游戏中的重要性，这些都与日语中独特的表达——"角色语"密不可分。本报告将基于手游《苍蓝境界》剧本文本，对游戏中出现的角色所使用的语言进行考察，探讨角色语与人物形象塑造之间的关系，以探究如何更好地进行游戏翻译，助力中国精品手游"扬帆出海"。

二、角色语的定义及作用

角色语这一概念最早由金水（2003）提出。"当听到某一特定的用语（词汇、语法、措辞、语调等）时，脑中就会浮现特定的人物形象（年龄、性别、职业、阶层、时代、外形、性格等），或者当看到某一类特定的人物形象时，就会联想到这个人物形象可能使用的语言的特点。这样的语言被称为'角色语'。"例如，同样都是表达"是的，我知道"，如果将此短句译为「そうなんじゃ、わしは知っとるんじゃ」，我们眼前会浮现老人的形象；如果将此短句译为「そうですわ、わたくしが存じておりますわ」，我们则可以判断说话者应该是一位优雅的夫人。

金水同时指出,"角色语与现实生活中的日语未必一致,很多时候甚至完全不同。角色语可被理解为一种'假想的日语',它与现实的日语不同,但又确实存在"。换言之,日语中的角色语虽然一听就能让人判断出说话者的形象,但在现实生活中几乎没有人真正使用这样的说话方式。例如,在漫画等虚拟世界或者是面向儿童的一些科幻读物中,博士一般会使用「わしの考えはこうじゃ」等独特的"博士语",而这些"老人语""博士语"的使用者一般并不会是现实生活中我们真正遇到的"老人"或者"博士",他们大多只是故事中被赋予了特定身份的人物。

山口(2007)将"角色语"称为一种"故事符号",认为"作者一旦让出场人物使用角色语,不用多加笔墨便可以使读者迅速了解该人物的角色特点,在此前提下,无论作者还是读者都可以更加专注于故事情节的展开"。

虽然笔者目前尚未看到涉及角色语的中译日相关研究,更未见到将角色语与手游翻译文本这一新兴的文本类型结合起来的研究,但从上述关于"角色语"定义及其作用的论述可以判断,这一概念不仅完全适用于手游翻译,对于剧情文本的翻译更能发挥"画龙点睛"的关键作用。

相关研究指出,游戏剧情文本具有四种功能。一是介绍故事及主要人物,铺垫剧情及情绪;二是向玩家解释主角作出关键抉择的原因,方便故事展开;三是补充玩家在上手游玩过程中没经历的剧情;四是给玩家提供相关信息(Egenfeldt—Nielsen 等,2008)。也就是说,游戏的剧情文本必须生动有趣,才能提升剧情的观赏性,吸引玩家。对于《苍蓝境界》这种角色扮演类游戏来说,玩家需要收集角色并参加战斗,因此角色就是商品,剧情中出现新角色无异于新产品发售,这在玩家群体中已经成为共识。正因为游戏机制中隐含着吸引玩家"氪金"以增加营收这一底层逻辑,所以和角色关联密切的剧情文本的翻译在游戏的本地化工作中显得尤为重要。

金水(2003)对角色语的研究涉及“人称代词、句末表现、委婉表达、判断表达、方言、感叹词、口音、语调、速度、流畅度”等多个方面。笔者基于《苍蓝境界》剧情文本中出现的角色的特征，将角色分为“老人角色”“女性角色”“男性角色”，主要从人称代词、终助词、否定表达、感叹词等方面对游戏翻译中的角色语和人物形象塑造进行分析。

三、《苍蓝境界》日译本中的角色语与人物形象塑造

(一)老人角色

老人角色所使用的语言，被称为“老人语”。它起源于日本江户时代的“上方语”，即在以京都、大阪为中心的地区被广泛使用的语言，18世纪以后，其经常作为一种约定俗成的说话方式以及老人、知识分子角色的角色语，出现在戏剧剧本中。进入明治时代，“老人语”在小说和漫画等领域也得到广泛使用，由此固定并流传下来。本节提到的“老人语”即基于上述定义，以《苍蓝境界》中出场的引导角色——葛叶(见图1)的台词为例进行分析。

图1　《苍蓝境界》中的老人角色——葛叶

表面上看，葛叶似乎是一位可爱的少女。但是，无论是从她的中文台词(说话风格)上看，还是从她在剧情中的年龄及身份设定上看，葛叶这个角色都是一位不折不扣的、有威望的老人。手游《苍蓝境界》使葛叶的外观与内在有巨大反差，旨在打造该角色设定上的“反差萌”，即带有“萌”属性的少女

为了向其他人暗示自己有威望，而在言辞上故作老成。因此，在翻译时也需要通过“老人语”体现葛叶的这一特点。

1.人称代名词

例 1

原文：“对了！老身本来想去看看阿尔芬，可是有些事走不开……”葛叶露出了玩味的笑容。

译文：「そうじゃ！本来ならわしがアルフィンを見舞わねばならんのじゃが、あいにく用事があってのう……」クズノハが意地の悪い笑みを浮かべる。

葛叶是《苍蓝境界》中一位颇具权威的老人，为了符合其形象设定，中文原作中使用的第一人称是“老身”，笔者将其译为了「わし」(见例1中的横线部分)。

「わし」是日语角色语中典型的“老人语”，动画《名侦探柯南》中出场的阿笠博士的名句「わしじゃよ」更是为日本漫画迷熟知。关于「わし」一词，《广辞苑》对其的解释为“(第一人称。ワタシ的缩略语)わたくし。近世主要由女性用作自称。现在多为年纪大的男性对比自己年纪小的男性使用，汉字写作‘儂’或‘俺’”。从这一定义可以看出，虽然「わし」现在多用于男性，但是以前也曾被用作女性的自称，因此笔者认为，将“老身”译为「わし」更有助于塑造葛叶的“可爱女性外形＋权威老人身份”的角色形象。

2.终助词「じゃ」和「のう」的使用

在例1中，除了可以将第一人称“老身”译为「わし」，还有另一种方式可以塑造葛叶的“老人”形象，那就是使用日语的终助词「じゃ」(见例1中的波浪线部分)。在日本动漫或游戏中，「じゃ」是老年人经常使用的典型词语。在翻译时，句尾使用「じゃ」，可以突出葛叶作为游戏中的引导角色的核心形象，吸引玩家，推动剧情发展。

此外,笔者在翻译时还偶尔使用了特殊词尾「のう」,例如「用事があってのう」等(见例1中的波浪线部分)。这一译法是考虑到老人想说「なぁ」的时候经常会由于口齿不清而将其说成「のう」的情况。

3.否定表达

例2
原文：能拜托凶罗帮老身去看看阿尔芬吗?
译文：凶羅よ、わしの代わりにアルフィンのところに行ってくれんか?

例3
原文：随老身一起，回艾拉岛吧。
译文：わしと共に、アイラ島に戻らぬか。

例2和例3均为葛叶向五季院凶罗求助时的提议。笔者认为,在这里使用否定表达,更符合日语在拜托、请求别人时的表达习惯。在此基础上,为了突出葛叶"老人"的角色特征,笔者还进一步使用了「ん」和「ぬ」等古语。此外,笔者使用「ん」和「ぬ」表达否定还有另一层原因,本文将在下一个例子中继续对此进行分析。

4.「いる」→「おる」

例4
原文：……不，还有一个地方可以去。
译文：……いや、まだ一つ残っておる。

金水指出,在江户语言形成的过程中,很多上了年纪的老人尤其是知识分子群体偏向使用带有京都、大阪特色的语言。这类说话方式在歌舞伎、戏剧、单口相声、讲谈等表演节目中尤为突出,作为"老人语"流传至今。换言之,现代的"老人语"中保留了很多关西地区的用词特点,如「わし」「ぬ」「ん」「おる」等。为了强化葛叶"老人"的角色设定,笔者也使用了「おる」这一译词。

游戏、漫画等虚拟世界与现实世界不同，游离性是其特点之一，更是其魅力所在。翻译时合理恰当地使用角色语，可以更好地体现葛叶人物外形与角色设定之间的“反差萌”属性。冨樫（2017）提出的“语言的偏离”也可以对这一语言现象加以解释。

（二）女性角色

手游《苍蓝境界》中出场的女性角色可被分为两类，分别是“可爱端庄的女性角色”和“偏男性化的女性角色”。

1.可爱端庄的女性角色

《苍蓝境界》中可爱端庄的女性角色有五季院凶罗（见图2）和银狼海拉（见图3）。本节将主要围绕这两位女性角色尤其是五季院凶罗的语言特点进行分析。

图2　可爱端庄的女性角色之一——五季院凶罗

图3　可爱端庄的女性角色之二——银狼海拉

(1)人称代名词

例5
原文：诶？幸福是什么？就算你问我，我也……
译文：幸せとは何か、ですって？そんなこと私に聞いても、私だって……

例6
原文：听着，从现在开始，你就是我的“月亮”了，明白吗？你是我的爱与美，我的一切。我要永远占有你、跟随你。
译文：いい？今日から、あなたはアタシの「月」。わかったのね。あなたがアタシが求める愛と美しさ、アタシのすべて。アタシはいつまでもあなたを独り占めする。あなたのいるところに、必ずアタシがいる。

例5和例6分别是五季院凶罗和银狼海拉的台词及翻译。在《苍蓝境界》的中文脚本里，除了前述葛叶使用“老身”外，其他角色对第一人称的使用几乎没有个体差异，都使用了“我”。但是，在将这些自称译为日语时，如果不加以区别，就有可能造成行文的单调，也可能使角色失去个性。

在日语中，和男性自称「おれ」「ぼく」不同，女性常用的第一人称是「わたし(私)」，另外，有的女性也会自称「あたし」。笔者在翻译游戏中典型女

性角色的台词时，会根据游戏公司事先提供的角色插图，有意识地使用「あたし」以突出她们的特点。同时，对于这一类女性角色使用的第二人称“你”，笔者也主要对应使用「あなた」这一译词。

(2)终助词

除了第一人称外，日语的男性用语和女性用语在终助词上也有明显区别。例7至例13均为《苍蓝境界》中出场的女性角色的台词及翻译，脚本中的插图形象、语言特征、情节内容都表明这一类女性角色性格软弱、温柔贤淑，而区别使用「わ」「の」「のね」「わね」「かしら」「なの」「よ」等终助词，有助于在译文中体现这一共性特征。

序号	原文	译文
例7	求你啦！帮助他人不是魔法少女的职责吗？	頼むわ！人を助けるのが魔法少女の仕事でしょ。
例8	我还需要一点时间思考，请不要打扰我。	ちょっと考えたいの、邪魔しないでくれる？
例9	即使过了这么长时间，这个世界的争执依然没有停止。	これほどの時間が経っても、この世界ではまだ争いが続いているのね。
例10	天就要黑了，你会离我而去吗？	もうすぐ日が暮れるわね。私のことを置いていく気？
例11	看见热闹非凡的新年景象，我的心好像也温暖起来了，这就是节日的魔力吗？	素晴らしい新年の様子が見られて、私の心もあたたまったわ。祝日の魔力かしら。
例12	这副身躯中所寄居的灵魂，真的是原来的我吗？	この身体に宿る魂こそ、本来の私なの？
例13	不用担心，我能够保护好自己。	自分の身は自分で守れるわ、大丈夫よ。

(3)感叹词

在游戏本地化的过程中，与原文完全对应的翻译在语法上可能是正确的，但实际取得的效果却不一定与原文一致。游戏翻译的目的，很大程度上在于使目的语玩家获得与本土玩家相同的游戏体验，这一目的赋予了游戏翻译者更多的自由度。

例 14
原文：嘿嘿，你就看着吧！这一次绝对要让大家度过一个完美的新年！
译文：フフ、待っててね！今度は絶対に、皆に素敵な年越しをさせてあげる。

例 15
原文：是遇到麻烦了吧。求我啊……求我，我就替你扫清障碍哦。
译文：あら、面倒ごと？私にお任せなさいな……あなたを阻むものは私がキレイにしておくわ。

例 16（略）

对于例 14 的中文脚本中已经存在的感叹词"嘿嘿"，只需将其译为相应的日语就可以了。但是，例 15 的中文原文中并不存在感叹词，译者根据语境判断之后在译文中添加了感叹词「あら」。从前后文来看，说话者使用"是遇到麻烦了吧"这句话，是为了确认自己注意到的情况，直接将其译为「面倒ごと？」并没有语法错误，但在此之前添加感叹词「あら」表示些许惊讶的情绪，从日语角度来说似乎更加自然生动。当然，"游戏翻译的自由度"也是在一定范围之内的，译者必须谨慎为之。

(4)敬语的使用倾向

例 17
原文："咕……那、那个笨蛋！我才，没有担心他呢……"
译文：そ…そんな、あんなおばかさんのこと！私が心配なんて…するはずありませんわ……

这句台词出自妖狐名门五季院家的大小姐五季院凶罗，句中的“他”指的是《苍蓝境界》游戏的主人公阿尔芬。五季院凶罗的性格设定是“占有欲极强”，一定要把想要的东西占为己有。五季院凶罗作为名门出身的大小姐，不擅长表达情感，虽然口头上称阿尔芬为“笨蛋”，内心实则爱他爱得深沉。

例 17 没有将“笨蛋”译为「ばか」，而是译为「おばかさん」，也是出于对这一人物形象塑造的考量，即五季院凶罗作为贵族大小姐，即使在情绪激动时也会倾向于使用礼貌用语。同样，在句末的「ありません」的基础上，笔者也添加了终助词「わ」，使否定的语气更为柔和，表示说话者心口不一。

(5)名媛用语:「てよ」

例 18
原文：居然没有被这些傀儡吓到吗？真是难得。
译文：これほどの傀儡術を見られる機会は滅多になくてよ？何か感想はないの？

例 18 的台词同样出自五季院凶罗。这里特别提及一下日语的名媛用语「てよ」。正如前文所述，五季院凶罗作为名门大小姐，其语言无论是在用词、语调、句尾表现上都具有一定的特点，而「てよ」的使用就属于其中之一。这个词的作用主要是让听者注意说话人所讲的内容。

例 5 至例 18 展现了手游《苍蓝境界》中女性角色的台词。与动漫等作品的角色语翻译不同，在手游的脚本翻译阶段，译者只知道台词一定会被嵌入并应用于游戏中，但尚不确定所译文本是否会配插图。也就是说，在不存在声音模态以及不确定视觉模态是否存在的前提下，译者必须考量到自己可能只能凭借文字来表现人物形象的情况，这时对角色语的活用就显得非常重要。

2. 偏男性化的女性角色

《苍蓝境界》的游戏剧本中有丰富多彩的角色,女性角色中还有军队的女性军官,以及化为人形的女性龙族和恶魔等多种类型。这类女性角色有着不输于男性的气场和威严,本文称之为"偏男性化的女性"角色,其代表人物就是提亚马特(见图 4)。

图 4　偏男性化的女性角色——提亚马特

提亚马特在《苍蓝境界》中具有独特的魅力。她在外形上拥有完美的颜值和身材,在角色设定上却是孤傲的龙之眷属的领袖,公正严明,不苟言笑,充满王者风范,被族人尊称为龙祖。这种反差,与前述葛叶的反差有一定相似之处。

例 19

原文：你这家伙，可能比太阳还要美味也说不定，哈哈哈哈哈。别害怕，我才舍不得吃掉你呢。

訳文：おまえ、たぶん太陽より美味しいかもしれんな。怖がらないで、おまえを食べるなんてもったいないから。

例 20

原文：直到那一天的到来，我的职责才会停止。

译文：その日、ようやく私の務めは終わるのだ。

例 21

原文：我并不是讨厌人类，龙也好恶魔也好，弱小的家伙我都会一视同仁。

译文：人間が嫌いというわけじゃない。竜だろうが悪魔だろうが、弱い奴はどれも同じと思うだけさ。

《苍蓝境界》中，提亚马特的语言风格由例 19 至例 21 可见一斑。在进行脚本翻译时，笔者也注意使用偏男性化的角色语来突出这一特点。

(1)人称代名词

例 19 的汉语原文为“你这家伙”，是提亚马特作为龙族首领在打趣人类女性时说出的一句台词。这一剧情设定不符合现实常理，但在游戏的虚拟世界中“一切皆有可能”。因此，笔者在翻译时没有拘泥于提亚马特本身作为女性角色的固有设定，而是将“你这家伙”译为「おまえ」，首要目的就是强调“这个角色是提亚马特”，以此突出该角色特有的魅力。

(2)否定表达

例 19 中的“说不定”一般被译为「かもしれない」。在这一情景设定中，提亚马特的言辞颇为粗鲁，因此笔者在翻译时也将「しれない」调整为略微粗鲁的「しれん」，以使该句的语言风格与原文一致。

(3)句末表现「のだ」

提亚马特肩负着统率整个龙族的使命,责任极为重大。例 20 的这句中文体现了她不可动摇的决心。笔者认为,仅以「終わる」结束此句显得过于平铺直叙,因此在句末表现上增添了「のだ」以体现其强烈的意志。

(4)终助词

从游戏剧本整体的人物形象来看,提亚马特所具有的气质更多是男性的刚强,而非女性的温柔。在例 21 中,笔者在句末使用了终助词「さ」表现其偏男性化的特征。

总体说来,在手游《苍蓝境界》的剧情翻译中,针对提亚马特和葛叶这两个角色,笔者在翻译时都使用了符合其身份设定(而非其外形设定)的角色语。这首先体现了游戏翻译给予译者的较大自由度,但更深层次上,这一现象可以用冨樫提出的"语言的偏离"理论来解释。冨樫认为,在动漫等虚拟的世界中,人物形象属性与其使用的角色语之间经常会存在各种不符合常规之处,而这种语言的偏离现象反而更能唤起受众的好奇心,为故事增添趣味性。

(三)男性角色

手游《苍蓝境界》中出场的男性角色也可被分为两类,"粗犷的男性角色"(见图 5)和"有教养的男性角色"。

图 5　粗犷的男性角色——军人

1. 粗犷的男性角色

(1)人称代名词

例 22
原文：你又有什么资格命令我了！
译文：俺に命令する資格あるのかテメェ！

例 23
原文：可恶，看来跑不掉了，只能拼死一搏了！
译文：くそ、どうやら逃げられんみたいだな、行くぞ貴様ら！

例 24
原文：你这家伙—！
译文：おのれーー！

在日语中,男性使用的表示“我”的第一人称代词包括「ぼく」「おれ」「わたし」「わたくし」等。其中,「わたし」和「わたくし」比较中性,不分男女,书面语和口语体均可使用;而「ぼく」给人一种柔弱、需要被保护的感觉,「おれ」则多给人一种具有野性和攻击性的印象。因此,在例 22 中,将“我”译为「おれ」更符合该手游中军人的形象。

在日语的第二人称中,「貴様」「テメェ」「おのれ」均为男性用于表示“你”的词。在翻译例 23 中句子时,笔者在句末增加了「貴様ら」,以表现军人震慑敌人时的魄力。此外,在例 22 和例 24 中,为了夸张地表现粗鲁野蛮的军人的人物形象,笔者也区别使用了第二人称「テメェ」和「おのれ」。

(2)否定表达

例 25

原文：原来不过是三个小女孩。虽然不知道你们是怎么找到我们的，但这个秘密不会再有别人知道了。

译文：三人の女でどうやってここを探し当てたかわからないが、この秘密を知られるわけにはいかねえ。

例 26

原文：什么请求，那口气简直就是命令！完全不把我放在眼里。我为了不惹她生气，只好当时口头上答应。

译文：なにが「お願い」だ。あれは命令だ！俺の事が全く眼中にないんだ。怒らせないようにうまくいなしているだけにすぎん。

这段台词出自主人公一行三人潜入敌营时碰到的敌军士兵之口。剧情中的该角色性格粗犷,因此笔者在翻译时将表示否定的“不”翻译为「ねぇ」。这种口癖尤其在缺乏教养的男性群体中较为多见。此外,例 26中的「ん」是表示否定的「ぬ」的另一种变形。

(3)句末表现

例 27

原文：况且，爱夏你不是一直想见识一下我这样的佣兵平时的任务吗？

译文：それに、アーシャは俺みたいな傭兵の普段の仕事がずっと見たかったのだろう？

例 27 中的台词出自主人公阿尔芬。阿尔芬乐于助人、十分可靠,为了表现其男子气概,笔者使用了表示推量的句末表现「だろう」。

(4)终助词

例 28
原文：……那就两个一起！爱夏，动手！
译文：……だったら、両方を選ぶんだ！行くぜ、アーシャ！

例 29
原文：全部给我死吧！
译文：口止めさせてもらうぞ！

例 28 展现了阿尔芬呼唤爱夏和他一起动手的场景，例 29 则是敌方老大阴谋败露后的台词。由于敌我关系不同，译文中区别使用了不同的终助词。对于己方同伴，选用了表示敦促确认的终助词「ぜ」；对于比自己地位低的敌人，选用了表示威严傲慢的终助词「ぞ」。这样做不仅可以鲜明地表现角色形象，还能在一定程度上表达角色的情绪，最后刻画出形象鲜活的、粗犷的男性角色。

图 6 有教养的男性角色——黑鸦

2.有教养的男性角色

《苍蓝境界》中还有一类男性角色，他们或者地位较高、谈吐优雅，或者性情温和、乐于助人，和主角亦师亦友。这一类角色数量众多，在女性玩家之间很受欢迎。例如，神圣同盟“八盟王”的成员黑鸦就拥有优雅成熟的绅士形象（见图 6），笔者在翻译时甚至能想象到其低沉温和的声线。

	原文	译文
例 30	像你这样莽撞的家伙……能走到这里还真是奇迹啊。	キミのように無鉄砲な奴がここまで来られたのは……まさに奇跡としか言いようがないね。
例 31	担心我会利用你？呵，抱歉，我暂时还没有找到你的利用价值。	自分が利用されるんじゃないかって心配しているのかい？すまない、今のところボクはキミに利用価値があるとは思っていないんだ。
例 32	别太轻信靠近你的人，记得仔细辨别他们的目的。	自分に近づいてくる者を簡単に信じちゃいけないよ。彼らの目的をしっかり見際めないとね。

(1)人称代名词

小松寿雄(1998)指出,"在进入明治时期之前的江户末期,「きみ」(你)和「ぼく」(我)具有对照使用的倾向,这一用法在武士及有教养的人群中流行开来,并通过士族逐渐形成了'书生用语'"。基于这一原因,笔者在例 31 中也有意识地对照使用了「キミ」和「ボク」。

(2)终助词

「よ」和「ね」是较为常用的终助词,男性女性都可使用。同为终助词,「よ」和「ね」的语气较为柔和,和前述"粗犷的男性角色"使用的「ぜ」「ぞ」有明显区别。例 30 和例 32 的中文分别表示判断和提议,在译文句末添加「よ」或「ね」可以发挥角色语的作用,使之更贴近黑鸦的绅士形象。

四、结语

本文以笔者近期从事的手游本地化项目《苍蓝境界》为素材,探讨了游戏翻译中角色语使用与人物形象塑造之间的关系。目前针对汉语和日语角色语的研究较少,仅有的相关研究也大多集中研究动漫或小说的文本。笔者认为,角色语同样适用于游戏文本这一新的文本类型。

游戏文本涉及的角色众多，但并非所有角色都有相应的图片介绍，游戏也不像动漫作品一样可以同时借助视觉模态及听觉模态来辅助理解，这就使得翻译游戏文本时需要更加注重活用角色语。译者要让玩家仅通过文字台词就能想象出出场人物大致的角色形象，对于游戏中个性十足或者设定具有反差的人物，更要通过语境充分理解人物，并根据角色语特性，赋予每一个角色鲜活的色彩。

游戏是文化的产物，其剧情文本有着高度的创造力和丰富的想象力。从这个意义上说，译者在翻译时不应过度局限于文本本身，更要着意关注游戏性，发挥创造力，翻译出游戏的精髓。有研究者将专属于游戏翻译者的自由翻译行为称为“创译”(transcreation)(Mangiron C.O’Hagan M，2006)。对于“创译”的可能性和限度，以及如何在游戏翻译时平衡好游戏乐趣与文化认同，笔者将在今后进行更深入的研究。

附录 大语言模型与翻译教育创新研讨摘编

近年来，伴随着AI技术的持续发展，重大技术突破不断为应用层带来变革。2016年，Google推出神经网络机器翻译；2022年，ChatGPT横空出世；2025年，DeepSeek开启AI变革，翻译技术逐渐成为学界讨论得最多的一个热词。数字生存时代的到来是社会历史发展的必然趋势，也标志着语言服务行业迎来了真正的变革契机。在市场需求的推动及科技的赋能下，未来的翻译行业、译员的角色定位、译员能力的培养方式将发生怎样的变化？

本部分主要为对2023年11月在北京第二外国语学院举办的“大语言模型背景下的翻译实践与翻译教育模式创新校企沙龙”的研讨内容摘编（见图1）。虽然这一时期DeepSeek尚未出现，但专家学者们敏锐的预见与前瞻性的观点，为以DeepSeek为代表的大语言模型在翻译教育领域的应用，提供了宝贵的理论框架，也让我们得以一窥其实践雏形。

图 1

杨玲(主持人)

大家好！欢迎各位来到北京第二外国语学院国际日本研究中心主办的“知识共同体”系列讲座——“大语言模型背景下的翻译实践与翻译教育模式创新校企沙龙”。今天沙龙的嘉宾是：对外经济贸易大学英语学院教授崔启亮老师、北京外国语大学高级翻译学院副教授王华树老师、甲骨易语言科技股份有限公司产品总监李光华先生、北京航空航天大学外国语学院副教授刘颖老师，北京第二外国语学院高级翻译学院副教授朱珊老师。我是本场沙龙的主持人，北京第二外国语学院日语学院院长杨玲。

今天的沙龙共设计了五个模块，每个模块有两到三个问题。第一个模块是“大语言模型发展及其影响”。第一个问题也是我们在场的老师和同学目前最想知道的问题——ChatGPT 给翻译学习带来了哪些影响？

崔启亮

感谢杨玲院长和北二外的邀请，有幸借此机会和各位老师同学一起交流。我觉得这个问题有两个方面。第一，ChatGPT 也好，大语言模型也好，我们首先要认识和理解，它是什么，对我有什么影响。第二，在此基础上，我们学习的内容和方式也要改变。以前常说，做翻译需要百科知识，但是我们可能只掌握了几门有限的知识。今天，我们发现，可以借助工具或者技术快速学习某些知识。还有，以前我们利用各种搜索引擎获取信息，而随着ChatGPT等大语言模型的出现，我们通过提问就可以快速学习所需知识。王华树老师曾经提过一个概念，无论是翻译还是外语专业的学生，都需要提升搜索能力，即提升“搜商”。现在，大家会发现，我们还需要学会提好问题，这也是一种能力，我们把这个叫作“问商”。“搜商＋问商”是学习新知识的一种途径，或者说，它意味着大语言模型给我们带来了学习方式上的改变。

王华树

过去，我们的学习路径通常是从知识型的学习转为技能型的学习，而大语言模型，比如ChatGPT、文心一言的学习路径有一个很重要的特点——内容的自动生成，也可被理解为对很多知识的自动生成。从这个视角来看，生成性人工智能已经从根本上改变了知识的生产逻辑。传统的知识的生产方式、传承方式、学习方式、迁移方式都在发生非常大的，甚至可以说是根本性的变化。未来，我们应更多学习如何融合显性和隐性知识，尤其是学习如何挖掘语言背后的文化等人文性的要素，从而凸显人的主体性。因此，我认为大语言模型带来的最大的影响是知识生产、知识学习、知识传承方式上的变化。

李光华

从企业界的角度来观察，大语言模型也给我们带来了很大的变化。每个人都要把之前的一些知识放下，然后重新学习。我们前两年在做的机器翻译模型，里面也有语言模型，但现在这些模型都面临着再造，这对我们而言是一个非常大的冲击。

从学外语以及翻译的层面，我认为需要更多关注怎么利用技术去学习更深层的文化知识。比如，同样是看川端康成的《雪国》，学日语的同学可能从一个称呼就能看出人物之间的关系，但非日语专业的同学，仅看中译版也许就看不出来，日语称呼就代表着更深层的信息。如何驾驭大语言模型这个工具，如何让它帮助我们了解更深层的信息以及文化，是我们面临的另一个挑战。

刘颖

我感觉翻译技术，包括大语言模型，是一个"水能载舟，亦能覆舟"的存在。说它能载舟，是因为它可以帮助我们更轻松愉快地学习，获得很多在以前可能很难获得的知识。说它能覆舟，则是因为如果我们不能和它进行更良好的交互，那就真的可能会被它取代。所以它的存在就要求我们提升学习能力，包括双语能力、双文化能力、技术能力、搜索能力、提问能力等。

朱珊

我从宏观、中观、微观的三个角度做一下补充。在宏观层面上，目前学术界和业界共同的观点就是，以技术为工具、保持技术工具化的趋向，秉持科技向善、以人为本的原则。这里就会出现一个如何使用技术，让它为人赋能的问题。在中观层面上，若从行业角度出发，大语言模型的出现意味着我们对它的应用以及对行业人才的培养都会受到一定的影响，这为我们提供了深入思考的空间。在微观层面上，从人才培养角度看，如何培养人，以及如何在课堂教学中借用生成式智能模型增强学生的学习效果，也是特别值得讨论的话题。

杨玲(主持人)

谢谢各位专家。刚刚的讨论为本场沙龙聚焦的话题提供了一个非常好的切入点，那就是技术给我们提供了强有力的支持，接下来我们要做的就是学习并掌握它。那么，第二个问题是，AI技术为口译产业带来了哪些重要影响，以及目前智能翻译技术的发展面临着哪些瓶颈。

李光华

我觉得可以乐观地看待它。从技术研发的层面上讲，端到端的，也就是语音到语音的很多技术难题目前还没得到解决，我们还有一定的时间去适应和调整。大语言模型的出现让我们发现，原来可以互动式地获取知识。很多我们以往认为白领擅长的工作，AI竟然做得得心应手；反过来，像修东西等蓝领的工作，它却很难完成。从这个角度看，我觉得我们是有适应时间的。未来，我们回头看的时候，可能会认为AI实际上解放了我们，使我们能够关注和创造那些对人类和个人而言更具价值的事情。所以，我对未来持乐观态度。

崔启亮

每当技术进步来临时，人们总会喊“狼来了”。后来，我们发现狼经常来，也就习以为常了，因为我们的“免疫力”提高了。技术的发展是循序渐进的，任何技术都有其优缺点，大家不要被媒体吓坏了。狼经常来，所以我们掌握打狼的技术更重要——“豺狼来了有猎枪”。我们要握紧猎枪，做猎人，而不是成为猎物。此外，翻译是要有温度的，做翻译不光需要技术，其中的人文情怀、创造性和温情是与任何技术都无关的。工具理性不意味着非此即彼。所以要有信心，要对行业，对每个人的创造力，对我们的文化传承有信心。

王华树

刚才提到技术瓶颈，我认为大语言模型“身上”存在的问题不止于此。从技术层面再深入一步，我们需要思考ChatGPT是什么？人是什么？要看到这些本质性的问题。从语言层面来看，人类拥有一套高级的认知系统，而ChatGPT是一个综合的、集成了多种优化算法的程序。人创造了技术，技术本质上是赋能的，是人创造出来帮助自身提升能力的工具。它本身是不完整的。这是我特别想说的一点。除了刚才提到的语音识别、语言场景的去噪等现实问题，即使在语言本身这个层面，涉及文化、隐喻、修辞等的一系列问题目前都是技术难以理解的问题。

哲学家把我们的世界分成“语言世界”、语言世界所反映的“精神世界”以及语言世界和精神世界共同存在的“物理世界”。我认为，目前的智能系统解决的是语言层面的问题，很难触及精神世界，更不用说我们所处的物理世界。一个全能的人，能够生活在这个世界上，能够去适应环境，和物理世界有交互，而一个语言智能系统只代表着一个非常简单的交互界面，这个交互界面往往只通向了人的语言世界，而不是精神世界。从这个视角，我们可以认为，它能做很多事情，但也做不到很多事情。

杨玲(主持人)

谢谢各位专家的分享，下面进入第二个模块，“AI的‘能’与

‘不能’”。

从正向的角度来谈，智能翻译有哪些“能”与“不能”呢？

李光华

从微观的层面来看，它能做的很多。但是，它有一个非常致命的缺点，就是它会出现“幻觉”，会看似一本正经地胡说八道，而且这个问题是从技术上没有办法解决的。其实，它也不知道自己在胡说八道。在许多翻译场景中，精确度至关重要，比如在医疗、专利、法律翻译等领域。我们在进行大模型辅助翻译的实践时，发现了一个非常大的问题，就是它总是需要人来最后把关。因为无论它翻得多好，用词多高级，语言能力多强，它都意识不到自己在说胡话。所以，需要再有一个程序，去检查数字或者关键信息有没有被大模型修改。也就是说，从翻译的流程来看，即使大模型已经非常理想地嵌入流程中，仍然需要人工的介入。

王华树

的确，从行业和行业的最佳实践中，可以获得更深刻的洞见。我理解的“能”和“不能”也分为两个方面。从小的方面来说，体现在具体的某个特定类型的文本翻译或者翻译项目上，大模型的表现之优劣实际上非常明显。比如说科技类的智能翻译技术进步很快，而文学类的智能翻译技术，尤其是涉及诗歌、戏剧、歌剧的翻译技术，还有很长的路要走。从大的方面来说，可以从行业流程的视角来看待问题。不同翻译项目的流程不太一样，类型也不同，有多个环节，这时语言模型能发挥的作用还是有限的。刘和平老师曾经举过一个很形象的“洗衣服”的例子。让洗衣机洗衣服，你首先要把衣服放进去，然后选各种各样的程序，让它去识别，然后再让它洗，烘干之后再拿出来。这个过程中，洗衣机实际上能做的事情相对有限，它是“专精”于某一个特定领域的。和刚才提到的三个世界联系起来，这就意味着它解决的是语言世界的部分问题，而精神世界以及我们所在的物理世界，它还很难触及。那么，谁来做这个事情？还是要人来做。

刘颖

这也是我们经常在课堂上跟学生讨论的问题，就是机器翻译的“能”和“不能”。从文本类型入手，我们会发现在面对不同文本时，机器翻译的表现的确是不一样的，我也引导同学们思考一下，是不是可以区别使用通用型的机器翻译引擎和垂直型的机器翻译引擎，因为它们会有不一样的表现。我们一直希望能够发现机器翻译的“能”，让它更好地帮助我们，再充分认识到它的“不能”，给自己增强信心，这也是我们努力的一个方向。

李光华

除了刚才提到的自动质量检查，大模型出现之后，我们发现它的外语能力非常强，特别是在处理英文时，基本上接近母语审校者的水平，所以我们会用它来辅助审校。它有点像一个非常渊博的英文老师。当然它在工作时也还会出现幻觉。

另外就是这个模型未来会变“小”，而且变得更加个性化。比如，我是一部文学作品的译者，那么我希望它的翻译风格是诗意的，用词的丰富程度应该比较高，而不能总用那几个词。但是，如果我从事的是医疗翻译或者专利翻译，我会希望它非常精确，术语必须统一。我们努力的方向，就是让每一个人有一个自己的AI分身，让它来学习我们的一些习惯，就像带一个助手。时间长了，它就能非常默契地帮我们处理一些对我们来说很耗时间的事情。我觉得从这两方面来说，AI能提供比较大的帮助。

王华树

过去生产出各种电子词典的有道、金山词霸等公司，现阶段发展的一个大的面向就是AI面向。大语言模型被植入词典之后，就把整个大外语学习系统整合起来了。过去，我们以词典为导向进行语言学习，现在，电子词典可以在听说读写译评测练的语言学习全阶段为我们提供指导。比如说，有道会给你提供一个AI助手，跟它对话后，它会为你进行个性化推荐，听说读写译评测练等功能，它也都具备。所以，未来的学习方式会发生非常大的变化，它预示着一种综合型的、智能的、AI式的陪伴式学习。把大语言模型和机器翻译结合起来，突出它的综合性、生成性的特点，就能够很好地将教学和学习的全过程融合起来。未来的教育智能化，就召唤着我们把大语言模型和外语教育整合起来，教学目标，教学内容，教学方法、手段、资源等都会发生变化。这个变化我认为是一个底层的变化，而不仅是技术工具和辅助手段的变化。

杨玲（主持人）

如果说中译英大模型的审校能力已经接近母语者，那么中译日大模型的状况是什么样的？它的审校水平有没有可能也达到了母语者的水平？

李光华

我们还没有测试过日语的大模型，主要原因是数据量不够大，因为ChatGPT3.0使用的90%的数据是英文的，它有大约

24T的文本数据，包含了十几个国家的语言，但汉语只占其中的0.99%。我也对此感到很惊讶。所以，日语大模型的水平高低其实不太好判断。因为日语数据肯定比英语数据少很多，但是，大模型是跨语言的，它只用了这么一点中文数据，和中文使用者的对话就已经非常流畅了，那它也不一定非得用上很多的日语数据，才能学到日语与中文之间的对应关系。语言间有一些隐藏的共通性，在相近的语系中，我认为大模型往往能"一通百通"。中文和英语毕竟隶属于两个语系，而中文与日语之间的互译也许会简单一些。

杨玲(主持人)

我还想了解一下，在口译的译前准备阶段，比如在对文稿进行处理时，有没有什么值得向大家推荐的工具？

朱珊

同学们可能会发现，现在做译前准备工作比以前容易很多。我们过去学口译的时候，译前准备的难度非常大，因为那时的互联网仅实现了信息的互联，译员必须学会自己搜索信息。但是，在当下有了GPT技术以后，译前准备工作就变得异常简单。现在，语料在我们自己手里，可以请ChatGPT帮我们完成各种工作，可以直接请它生成一个译稿，然后大致参考一下。当然，我们也知道，在99.99%的情况下，第二天现场的speaker不会按照原稿来讲，所以现场的随机应变和responseability非常重要。但是，在大多数情况下，GPT技术会降低我们在现场的焦虑程度。我认为大语言模型确实为人机耦合提供了一个很好的契机。

王华树

我们在课堂上测试过这项技术，同学们用起来非常顺手。比如，即使没有具体材料，上网一搜，就能知道发言人之前在什么场合发了什么样的言，然后就可以给大模型几个链接，说“请参考这个链接”。假设已知发言主题，我们就可以告诉它，“有这么一个人，发言的主题是这个，请根据上面的链接预测一下他的发言内容”，大模型就能给出很多信息。然后，你可以继续和它对话，比如和它说“按照这个思路，请你做一下翻译”。这样不断交互的过程，实际上本身也是一个口译学习中强化练习的过程，它能帮助学生或译员预测发言人的发言内容，学生或译员在现场翻译时就能更加应对自如。越有名气的人，网上资料越多，它的预测就越接近真实。这是一个特别具体也很有意思的应用。

崔启亮

技术能不能代替人？代替什么样的人？我的观点是，技术肯定代替不了善于学习技术、应用技术、享受技术带来的乐趣的人，而且这样的人会越来越厉害，最后可能赋能技术。那技术会代替哪些人呢？代替口译能力不怎么样，还不愿意学技术的那些人。不代替你代替谁？所以大家既要有危机感，还要有自觉的学习精神。技术具有两面性，你不学习它，它就把你代替了；你学习它，让它成为你的工具，你就能代替其他人。所以，我们在讨论机器翻译能不能代替人的时候，会有一个共识，技术不会让人失业，它带来的是掌握技术和没掌握技术的人之间的PK，本质上是人之间的PK。

杨玲(主持人)

这个发言给我们带来了特别好的启发——“不代替你代替谁?”我们千万不要成为这个“你”。接下来进入第三个模块“大语言模型与翻译教学模式”。从翻译教育技术的视角来看,我们现在的翻译教学模式,具体应该进行怎么样的改革?

王华树

刚才我特别提到,技术实际上已经从底层改变了翻译的世界,它改变了翻译的生产关系,生产关系里面的生产者、生产资料、生产工具,也都在发生变化。作为有主体性的“人”,我认为教师和学生都可以发挥主动性,积极参与这场变革。

首先是教师的教育技术素养和教育技术能力的提升。现在,教师对 ChatGPT 的使用倾向和对使用它辅助教学的熟练程度,直接反映了他们对技术的认知和态度。这种对技术的应用能力,是数字素养的重要组成部分。

从教学方式上说,过去更多是老师在讲台上教,现在可以让 ChatGPT 设计各种各样的教案,提供教学思路,比如说针对同一个文本,让它用不同的翻译方法、翻译风格进行翻译,再进一步进行校对,而老师只需要将最终的文本拿到一个特定的环境之中去讲解。

教学资源方面就更不必说了。假设我们想挖掘某个特定领域比如法律、医学方面的案例,可以让 ChatGPT 联网搜索,还可以让它就已有资源做一些整合,例如向它提供 20 篇中日对照的相关文本,让它析出 20 个中日英对照的相关术语等。当然幻觉的问题可能仍然存在,但重要的是,即使有幻觉,它也可以做很多事情。

一个大的趋势是，过去以老师传授知识为主的课堂，未来会慢慢变成AI陪伴式的课堂，老师用AI，学生也用AI，我们要适应这种在智慧教育环境下数字化学习的状态。另外，技术总是在不断融合、优化、进化，然后在某个时刻，更多新技术忽然涌现，人类迈入新纪元。这个时候，我们能否适应技术取决于我们对技术是否有非常强的敏感性，也就是我们是否具有我刚才提到的技术的、数字的素养。随着技术对生活的不断赋能以及技术对翻译世界的不断渗透，我们越来越需要和技术融合，或者说与机器交互、与机器耦合。未来，我们面临的最大挑战就是如何在数字驱动的世界和数字化空间里，实现数字化的进化，这也是一个特别重要的机遇。

崔启亮

现在的大语言模型，或者说数字化和智慧教学技术，其实是信息化技术的2.0、3.0，是升级版。也就是说，我们仍然必须注意对人的个性化培养。AI可以帮助老师了解学生的学习过程、学习能力，从而因材施教，最后进行综合的、真实的、有说服力的评价。人工智能是一个能在教学、备课、改作业等方面发挥作用的助手。从学生的角度来说，他们多了一个问问题的途径，AI助手什么时候都有问必答。所以我觉得教和学都可以通过技术得到提升。

杨玲(主持人)

关于翻译专业教师的可持续的职业发展，各位专家有什么样的建议呢？

朱珊

我自己的感受是，第一，兴趣是第一驱动力。第二，像崔老师所说，当狼来了的时候，你怎么能不快跑几步？技术就在身后追赶着我们，肯定要快跑几步。第三，在这种情况下，我们可以发现不同行业是在相互促进的。我们虽然是文科，但是跟工科之间，其实一直有一个互联互通的通道。他们的进步对我们有帮助，我们借用他们的技术，也能使他们得到反哺和反馈，我觉得二者是相辅相成的。同行之间，亦应手拉手向前走。

王华树

我们还要关注大的趋势，包括全球的技术大势和国际关系大势。未来，我们会越来越朝向技术化、智能化发展，这就是大势所趋。这是世界的大势，也是技术的大势。未来一个重要的生产方式就是人机的结合，翻译的实践模式、教学模式、传播模式也都在朝此发展。

这里我特别想强调一点，就是在大势之下，我们作为数字化环境中的“人”，应该怎么做？最重要的就是提升数字化意识、数字素养。

我之前看过一个课程，老师问，对面走过来一个人，可你认为走过来的只是一个“人”吗？不，走过来的是一整套复杂的认知模型，他带来的是他对这个世界的认识。我们对翻译世界的认识，往往就是我们对整个世界的认识，是世界观、价值观的反映。未来，要把我们的世界观传递给其他国家，讲中国故事。我认为这种理念就决定了我们必须具备技术化的思维方式，这是必然的，因为大的趋势的到来，无论从学科还是从行业发展角度来看，都意味着数字和人文更全面深度的融合。

过去，我们常说人文社会科学与自然科学之间的界限是非常明显的，未来，这种学科边界会慢慢模糊，专业边界也会相应变得模糊，我们的实践是跨专业的，我们的研究也是跨专业的。我们要提升数字素养，就是要提升技术思维意识、技术认知能力，甚至发展数字孪生。我们能不能和这个数字世界一起进化？如果不进化，会怎么样？

我还看过一个期刊上的一则漫画。在一个大的数字空间中，同样存在着猿猴、人、拿着工具的人，还有电子化的人，也就是说，数字化空间也有自己的层次。未来，我们要克服的就是数字鸿沟的问题。假设有一个虚拟的鸿沟，这边站了很多人，另外一边站了很少人，能不能在这个关键节点跨过去，就决定了未来你在职业道路上能不能取得成功。

杨玲(主持人)

提到跨学科，正好进入下一个模块“大语言模型与翻译教学研究/翻译研究”。在翻译的跨学科研究中，技术是否有可能催生或者推动翻译研究开拓新的领域、构建新的理论、发展新的方法？

李光华

我觉得应该会。现在，跨学科或者说跨界的融合确实是一个非常明显的趋势。复杂性科学强调要从生物学或者化学、物理学等不同的学科角度来进行研究，而不能仅从自己的专业角度来解释现象。智能大模型的趋势也是这样。我们之前的模型都是小模型、专家模型。比如，机器翻译的模型就是用来做翻译，机器对话的模型就是用来做对话，所以以前自然语言处理会需要不同团队的参与。但是,现在大模型什么都能做,翻译、情感分析、对话、摘要,它自身就是一个团队。这本身就是一种融合。我认为翻译工作有可能会融合写作、摘要、分析等工作。之前,这是一条工作链,从原文获取到语言转换,再到翻译、总结、写摘要,需要不同领域、不同专业的不同的人和团队来做。但是,现在,这个基本的工作流程改变了。底层开始出现融合的趋势,而这个融合的趋势在未来会蔓延到上层。

刘颖

从做学术研究这个角度来讲,我认为技术第一个会对翻译研究的本体论进行冲击。传统的翻译研究主要针对纸质文本,现在文本的模态发生了变化,包括视频、音频等。翻译的对象变了,翻译研究的对象也就变了。到底什么是翻译,这是我们需要去思考的一个点。第二个可能会受到冲击的,是翻译研究的方法论。之前,学界更多是做质性分析,在数字化和信息化时代,我们有了更多的工具,那么思考研究的方法和视角也会不一样,会有量化的、信息化的、智能化的新研究方法。第三个,就是对"人"这一角色的新思考。尤其是在人机交互、人机耦合的过程中,"人"到底扮演着一个什么样的角色?借助技术的推动,比如键盘记录、眼动追踪等,我们也许会有一些新的发现,我们也能更好地、更深入地理解作为人、作为译者,在翻译过程中可能会有怎样的心理和认知变化。

朱珊

从研究视角来看,口译领域和技术的结合还有非常广阔的空间。一方面,它原本的研究主题的体量并不大,这意味着它有拓展空间。另一方面，它的研究对象在持续更新，技术也在不断向前发展。

王华树

谈到翻译学，过去经常会提到生态翻译学、传播翻译学、语料库翻译学、地理翻译学、经济翻译学等，它们就代表着翻译学和其他学科的融合。其实，我还提过翻译管理学、管理翻译学这两个不同的研究视角。其他学科也都非常类似，比如技术学就涉及技术政治学、技术经济学、技术文化学等。技术革新对每个学科的冲击都非常大，比如说现在的传播学研究就不能不提技术，所以会有技术传播学，还有技术伦理学、技术哲学。未来，比如技术哲学，还会因为技术的发展继续发生大的变化。过去，人们侧重于把技术作为一个主体，研究它和客体之间的关系。但是现在，随着人机交互、人机耦合包括人机孪生的出现，也许会出现技术人类学，就是往"人"的方面走，侧重于理解人和技术之间的互动关系。这些就是因为技术的发展而产生的跨学科的、彼此联动的变化。

技术范式也发生了大的变化。过去的技术范式更多以人文思辨为主，但技术世界是非常客观理性的，它的变化引发了科学范式的变化。比如说，尤其是以语料库研究为代表的对数据驱动的研究，让我们看到了复杂的数据背后潜藏着的规律性的东西。通过算法计算、工程语言等，我们可以洞察语言世界的内在规律。我认为，无论在实践层面还是研究层面，整个技术范式都在发生非常大的变化，这就是技术给我们带来的跨学科的、重大的影响。

崔启亮

技术会为翻译和外语学习等带来诸多影响。从研究的角度来看，首先，翻译技术本身是需要被研究的，这是对翻译技术本体的研究。其次，我们需要研究翻译技术和翻译的各个领域如何结合。我们还可以关注在翻译教学、技术教学和智慧教学中，有没有什么值得研究的方法或者最佳实践？再次，我们需要研究翻译技术的伦理。数字有不安全的地方，它会误导人或出现幻觉，它涉及的网络安全甚至国家安全等问题也值得我们研究。最后，就是对翻译的职业发展的研究，以及对翻译行为本身和对眼动仪、神经网络等技术的研究。未来，翻译研究的呈现方式也可能会出现一些变化，比如可视化研究，数字化研究等。当然，还有更多值得我们研究的地方，因为技术、翻译行业在发展，社会在发展。

杨玲(主持人)

接下来进入今天最后一个模块，“大语言模型与翻译职业发展”。学翻译的同学们的职业前景如何？未来最有发展前景、最有前瞻性的领域在哪里？

李光华

首先，我认为语言非常重要。在大语言模型出来之前，意识到语言重要性的人可能还没有那么多，可大语言模型只从“语言”出发就汲取了这么多的知识，震撼了这个世界。我们意识到我们和鱼很像，鱼生活在水里，但是并不了解水。我们生活在语言世界里，觉得语言司空见惯，但是语言里面其实隐藏着非常多的知识。语言是一个突破口，语言是对世界的压缩。所以，我觉得语言的重要性会日益突出。我们应该感到更加自豪，因为我们是最接近语言的一群人。

其次，现在翻译行业的变化很大。比如，在我们公司和语言相关的岗位上，有很多营销人员就是学外语的，从生产项目经理到引擎处理工程师，再到资源经理，一大半都有外语背景。我们的项目需要协调兼职译员，需要去和不同国家、不同语言的人联系，需要和全球的译员建立合作关系。这是翻译或者语言服务本身的变化，另外就是产品研发的变化，我们的研发团队中有一半的人员有外语背景。所以无论是设计产品的产品经理，还是让产品和更多人产生联系的运营经理，甚至包括语言开发师、算法工程师、测试工程师，行业对有外语背景的人才的需求是非常大的。

我认为学外语的人有一个非常大的优势，就是他们具有全球化的视野。他们用其他视角、从信息层面看中国文化的能力，我觉得是远超大部分其他专业的人的。借助这个信息差优势，我们可以看到一个更广的世界，当然就能看到更多的机会。学习外语是一个非常好的起点。

刘颖

首先，传统上翻译人员可以从事的很多职业，我们现在依然可以做，比如笔译、口译、教师等，而有了技术赋能以后，我们的起点会更高。比如，如果建设语料库时采用的语料比较陈旧，那么它生成的东西可能就并不符合我们现在的语言习惯，但是，AI 判断不出来这种差异，这时就需要我们这些学外语的人作为专家去帮助它进行判断。我们还可以帮助机器判断一些它无法判断，外行人也无法判断的语言、文化层面的东西。

李光华

比如说算法微调。我们的模型需要不断被调适,那就需要很多语言专家的反馈,这个反馈非常重要。

朱珊

从行业角度来看,比如在医学翻译领域中,目前特别缺乏的就是日语翻译专业人才,尤其是能进行日语外译外的人员,也就是能进行医学翻译中的日英互译的人员。建议大家如果有兴趣,可以朝这个方向发展。具有中日英三语能力的复语人才,未来在职场上是非常具有竞争力的。

崔启亮

从教师这个行业看,现在高校特别缺翻译技术老师。之前,我们进行了一个范围不太大的调查,发现虽然全国开设翻译专业的院校很多,但是开设日语翻译专业,并且教计算机辅助翻译课程的高校很少。为什么?就是因为老师太少了。日语专业的学生如果想做老师,那么你的翻译能力越强,机会就越多。如果不做老师,你也会有很多其他选择。总之,学好外语,你就好像能看到不止一个世界,而是三个世界,三个空间。而且,你看到的世界是更加丰富多彩、更加具有文化多样性的。未来的竞争不是单一学科人才之间的竞争 ,而一定是复合型人才之间的、跨学科的竞争。

王华树

行业或者说企业的需求,在近 20 年间一直在不断变化。一个很大的原因就是技术驱动。技术发展在某一个层面上是一种突发性的、线性的进程,会催生很多新的职业。我们要沿着它的趋势发展，国家大势就是行业大势和技术大势。根据我的调查，2019年，国家人社部发布了20多个岗位，其中有13个是技术类的，包括大数据仓库管理员、云计算师、算法优化师等。2022年，人社部又发布了20多个岗位，其中占三分之二的都是技术相关的岗位。很多领域都在技术化转型，比如农业就越来越倾向于数字化、技术化的发展。放眼语言服务行业同样如此。比如，在翻译和本地化领域，以及整个语言服务行业中，现在很少有纯粹的翻译岗位，它们需要的是了解行业，了解技术应用、流程对接，以及懂得收集语料、管理数据的人才。我认为口译领域也有技术化倾向。

换言之，过去形容翻译只有一个词，translator，现在我们赋予它内涵上的很多意义，translator逐渐发展成多样化的角色，比如审校员、质检员、AI调优师、数据标注师、post editor等，translator需要具有多样化的能力。当翻译的概念、功能在新的由技术驱动的时代发生了新的变化时，我们就要围绕行业的最新需求，去思考自己将来能做什么，而不仅是忧虑"这个机器很快就会取代我们，那么它到底会取代哪些人呢？"刚才我们也探讨了，翻译行业发展的前景是非常广阔的，这是第一个层面。

第二个层面，就是我们和鱼一样，和实际上并不了解水的鱼一样。人类个体的思想之所以能够延续，就在于语言把我们连接起来了，语言使我们成为共同体。人之所以为人，本质上就在于语言。语言和思维又是统一的，这也凸显了语言的重要性。谁能第一个洞察语言？是智者。所有古代的智者可能都是语言的大使。AI同样如此。它在语言方面有了一个新的突破，语言世界联动的是意向世界，那么我们的精神世界、物理世界都可能会被它联动起来，所以我特别强调语言的重要性，我们要发挥我们的优势。未来虽然有一个大的趋势，就是人工智能会不断发展进化，越来越像人，甚至带来脑机接口等技术，但是我们一定要回到本体论，讨论人的问题。

海德格尔曾经说过，人之所以为人，就是因为人能够“诗意地栖居”。栖居是一种姿态，人可以栖居在世界的顶峰和世界的尽头。我认为这里所谓的栖居，就是以人的姿态，发挥人的主观能动性，创造性地去和这个世界交互，改造这个世界。关于翻译，我认为也是如此。翻译之所以存在，就在于我们需要利用翻译能力和技术工具，去和现实世界进行交互。技术和人同时存在，技术通过接口，和人的精神世界，还有这个群体性的现实世界进行交换，它是可持续发展的。

再回到刚才的话题，就是将来机器能做那么多事情，我们能做什么？我认为还是要回到原点。语言的真正掌握者，还是人。在语言世界，机器更多学习的是已有的数据，而对于未来的数据，以及负载文化的、修辞的、隐喻的、俚语的、俗语的东西，它学不到。现在的大模型只支持单一模态，还不支持更多的比如说图像、音视频等，它还要学习更多交互性的尤其是现实世界的内容，它还有很长的路要走。至少它现在还没有学到的，刚好是我们会做的。因为我们是现实存在的这个“人”。

未来，我认为我们一方面需要不断深化语言学习，另一方面要拥抱技术，提升技术能力和技术素养。最后就是使用技术提升自己的洞察力，洞察语言世界的过去，也洞察未来语言的发展规律和发展趋势。比如说讲好中国故事，我们如何使用技术的手段来讲故事，我们在故事中扮演什么角色？要解决这些问题，都需要人去发挥主导作用。我特别想请大家注意那些让“人之所以为人”的东西。

杨玲(主持人)

哲学是我们的起点，现在我们又回到哲学，技术哲学，最后回到人的哲学，以人为主体，我们面对技术，拥抱技术。这是技术给我们带来的非常接地气、非常务实的启示。最后留给现场的老师同学们一些提问的时间。

路邈

我想了解这几年老师们在指导MTI论文写作时，如果涉及翻译技术，有没有什么值得同学们研究的很好的方向？

崔启亮

这几年我们在指导MTI论文时，发现学生选题确实受到技术的影响。现在越来越多的学生开始研究技术的“能”和“不能”，而且他们不光做研究，还会通过实验对理论加以验证。可以研究ChatGPT在翻译哪方面内容时准确，在翻译哪方面内容时不准确。这种实证研究和具有实验性质的研究是新的方向，也在解决实际问题，这就拓展了翻译论文的写作题材或者样式。你掌握了翻译技术，或者你的研究使用了新视角、新方法，评委就会觉得非常好。还可以做调查报告，调查MTI同学对技术的掌握程度，“搜商”或者“问商”等。

王华树

我认为MTI教指委的指导方案是开放性的，也是与时俱进的。另外，各个学校的指导方案也不太一样。我认为MTI学生首先要确定自己的论文的类型，是实践报告还是实验报告、调查报告、学术论文。教师则应对学生进行定制化指导，解决实际问题。这是一个大的方面。

另外，从研究方法、研究范式来说，过去的研究方法更多是人文思辨导向的，现在则出现了定量的、数据驱动的方法。再就是研究对象、研究内容上的变化，学生现在可以做数据研究、研究大语言模型，我相信今年就会有很多学生写与ChatGPT相关的论文。还可以聚焦ChatGPT的翻译行为、翻译过程、翻译质量等进行研究。如今，研究数据、研究材料、研究工具等都变得越来越先进和多样化，思路放开之后，我们会发现可以做的研究非常多。还有一些新的研究热点，比如利用大语言模型进行质量评估，利用大语言模型去评价翻译资料等。

目前，很多MTI论文的理论视角都是和目的论、功能对等相关的，这确实代表着一个困境，很值得探讨。我个人看到这些千篇一律的东西，总感觉全国的同学都在这么写，意义何在？这里边就出现了一个更大的问题，就是我们到底有没有必要用这个理论框架去撰写MTI论文？很多专家也在探讨这个问题。在我看来，我们到底要解决什么问题，到底要用什么样的理论，这个理论到底能不能解决问题是撰写论文时需要注意的底层问题，并不是所有论文都需要理论。

我们如果寻求新的理论，真不一定能找到。技术发展这么快，而从翻译学的角度来看，翻译学本身是没有太多理论创新的，现在很多专家也呼吁走出理论焦虑、理论困境，进行理论创新。

但是，这个创新不是一两年的事，甚至也不是十年的事，它需要更多学科的介入。现在，整体来说，翻译学的跨学科趋势非常明显。从学生的视角来看，首先要看研究对象、研究问题，然后再去找有什么理论能解决这个问题，而不是去套用，或者是为了用理论而用理论。

新技术的出现，必然会带来一些新的研究问题，比如刚才提到的搜索问题，以及整体的技术问题，都是光靠翻译学方法解决不了的问题，那我们也许就可以通过其他学科的相关知识，比如认知心理学、人体功能学、技术伦理学的知识，来解决它们。再比如，利用伦理学中和技术能力相关的理论，人体功能学中的用户行为理论，还有社会翻译学中的一些理论，经济学中的五力模型等。只要能够解决问题，用跨学科的视角和理论框架都是可以的，而不能仅为了使用目的论、功能对等等理论，产出一些陈词滥调，如果这样做研究，那理论创新何在？我们整个专业在教学层面的创新，也就都无法跟上时代的发展，我想这是一个需要我们持续探讨的话题。

希望大家能够紧跟技术发展的最新趋势，捕捉最新热点，看看其他学科的一些概念、方法论能不能解决我们的问题。这样才能做到与时俱进、协同创新，推动学科发展。不仅是同学们，我们的老师以及翻译专业教育的所有相关人士可能都需要关注这个问题，论文写作实际上反映的是未来整个学科的创新问题。理论创新的问题将不断驱动学科发展。

杨玲(主持人)

刚才两位专家都提到鱼和水的关系。如果说技术改变了我们生活的世界,改变了我们生活的海洋,那我们学习翻译、学习外语的人就可以汇成海洋中的一股暖流。有一句话说"大海航行靠舵手",有了外语,再有了翻译加技术,我觉得我们还能够成为走遍海洋的舵手,我们也要勇于成为这样的舵手。让我们再次向在座各位专家,也是引领我们去接触技术,帮助我们在未来提升技术素养的五位舵手表示感谢!谢谢大家!

参考文献

1.曹怀军.中国专利翻译研究:回顾与展望[J].上海翻译,2022(1):21-26,95.

2.曹怀军,贺莺."互联网+"项目驱动型专利翻译人才培养模式[J].上海翻译,2017(1):46-51,95.

3.崔启亮.高校 MTI 翻译与本地化课程教学实践[J].中国翻译,2012,33(1):29-34.

4.崔启亮.本地化服务的翻译技术与工具[J].译苑新谭,2015(1):194-200.

5.崔启亮.全球化视域下的本地化特征研究[J].中国翻译,2015,36(4):66-71.

6.车丽洁,纪卫宁.专利文献翻译平行语料库的建设与应用[J].武夷学院学报,2019,38(4):63-67.

7.楚红杰.专利翻译人才的培养探讨[J].科技资讯,2020,18(35):187-190.

8.邓星莹.医学翻译市场发展及对策研究[C]//中国教育发展战略学会教育教学创新专业委员会,中国智慧工程研究会.外语教育与翻译发展创新研究(第9卷),2020.

9.邓媛.生态翻译学视角下依托项目的MTI口译学习模式研究[J].外语电化教学,2012(5):77-80.

10.官凤霞,费一楠.人机时代专利翻译前景分析[J].中国发明与专利,2019,16(11):64-67.

11.郭聪,杨承淑.国际医疗语言服务的需求分析与人才培养[J].外国语言与文化,2020(2):79-91.

12.洪杉.论本地化翻译作为翻译硕士教育的组成部分[D].福州:福建师范大学,2017.

13.李梅.信息时代的"项目+技术"二轮驱动特色翻译教学[J].外国语,2017,40(5):99-101.

14.李琴.政产学研一体化翻译专业研究生教育模式探索:以西安外国语大学为例[J].外国语言与文化,2021,5(1):82-91.

15.李瑞林,贺莺.学习科学视角下的项目翻译学习模式研究[J].外语教学,2011,32(1):94-98.

16.凌敏,陈刚.医学专业图书走出去的困惑[J].科技与出版,2020(3):122-124.

17.穆雷,沈慧芝,邹兵.面向国际语言服务业的翻译人才能力特征研究:基于全球语言服务供应商100强的调研分析[J].上海翻译,2017(1):8-16,94.

18.任文.新时代语境下翻译人才培养模式再探究:问题与出路[J].当代外语研究,2018(6):92-98.

19.邵晨曦.基于PACTE模型的专利翻译人才培养[J].中国商论,2021(16):190-192.

20.盛美娟.语言服务需求视角下专利翻译教学研究[J].对外经贸,2021(3):120-122.

21.孙疆卫,赵媛霞.抗击新冠疫情中的语言服务探析[J].喀什大学学报,2020,41(2):38-44.

22.唐燕."互联网+新常态"下翻译人才项目驱动型"1+1"培养模式研究[J].教育与教学研究,2017,31(12):37-42.

23.王琛,胡新华.浅谈专利翻译人才的培养:以校企合作为例[J].中国发明与专利,2019,16(8):78-81.

24.王华树.职业化时代背景下的MTI教育创新与本地化人才培养[J].外国语,2017,40(5):111-112.

25.王均松,肖维青,崔启亮.人工智能时代技术驱动的翻译模式:嬗变、动因及启示[J].上海翻译,2023(4):14-19.

26.王湘玲,贺晓兰.项目驱动的协作式翻译教学模式构建[J].外语教学,2008(5):94-97.

27.徐彬,曹军.图书翻译与MTI教育:以出版翻译项目驱动的特色翻译教学模式[J].外国语,2017,40(5):102-105.

28.张慧玉,崔启亮,徐开.实践导向的MTI人才培养模式:以对外经济贸易大学为例[J].天津外国语大学学报,2022,9(1):64-72.

29.张文忠.国外依托项目的二语/外语教学研究三十年[J].中国外语,2010(2):68-74.

30.张艳臣.翻译专业课程思政的内涵、价值、实践[J].牡丹江大学学报,2021,30(12):115-118.

31.张莹.论翻译项目管理课程教学中实战意识的培养:以蒙特雷国际研究学院相关课程为例[J].2015,36(5):60-64.

32.郑启南.翻译硕士专业口译课程思政建设研究:以“口译基础理论与实践课程”为例[J].佳木斯大学社会科学学报,2021,39(6):246-248.

33.朱巧莲.课程思政视阈下的口译教学[J].上海翻译,2022(1):70-74.

图书在版编目(CIP)数据

项目驱动式汉日翻译探研 / 路邈著. -- 北京 ：中国传媒大学出版社，2025. 07. --（日本语言 · 文化 · 传播丛书）. -- ISBN 978-7-5657-3963-7

Ⅰ. H365.9

中国国家版本馆 CIP 数据核字第 2025P4T637 号

项目驱动式汉日翻译探研

XIANGMU QUDONGSHI HANRI FANYI TANYAN

著　　者	路　邈		
责任编辑	张斯琪		
封面设计	大鹏设计		
责任印制	李志鹏		
出版发行	中国传媒大学出版社		
社　　址	北京市朝阳区定福庄东街 1 号	邮　　编	100024
电　　话	86-10-65450528　65450532	传　　真	65779405
网　　址	http://cucp.cuc.edu.cn		
经　　销	全国新华书店		
印　　刷	唐山玺诚印务有限公司		
开　　本	710mm×1000mm　1/16		
印　　张	12.25		
字　　数	162 千字		
版　　次	2025 年 7 月第 1 版		
印　　次	2025 年 7 月第 1 次印刷		
书　　号	ISBN 978-7-5657-3963-7	定　　价	59.00 元

本社法律顾问：北京嘉润律师事务所　郭建平